HEYNE‹

W0233702

ULRICH PRAMANN

Der Autor beschäftigt sich seit 25 Jahren mit den Themen Sport,
Gesundheit, Fitness und Karriere. Er war Redakteur (*stern*),
Reporter, TV-Moderator (*DSF*), von 1995 bis 2001 Chefredak-
teur und Herausgeber des Aktivmagazin *Fit for Fun*. Er ist
selbst begeisterter Hobbyläufer (14 Marathons, u. a. New York,
Berlin, Honolulu und der Marathon-Klassiker Athen).
Ulrich Pramann hat über 20 Bücher geschrieben, darunter die
Bestseller *Einfach wohlfühlen* (1997), *Perfektes Lauftraining*
(1998), *Kleine Philosophie der Passionen – Laufen* (1998), *So
haben Sie Erfolg* (1999), *Mehr Energie fürs Leben* (2000), *Lauf
dich schlank!* (2001).

Ulrich Pramann

Lust am Laufen

Technik • Training • Ernährung

WILHELM HEYNE VERLAG
MÜNCHEN

HEYNE RATGEBER
08/5388

Umwelthinweis:
Dieses Buch wurde auf chlor- und
säurefreiem Papier gedruckt.

4. Auflage

Originalausgabe 6/2002

Copyright © 2002 by Wilhelm Heyne Verlag GmbH & Co. KG, München
www.heyne.de
Printed in Germany 2003
Grafik-Design und Satz: Evi Schoettl, d.signer, München
Umschlagillustration: Tom Stewart/Corbis
Umschlaggestaltung: Eisele Grafik-Design, München
Innenfotos: Mauritius Bildagentur
Druck und Verarbeitung: RMO, München

ISBN 3-453-21493-5

Inhalt

Wenn's läuft, dann läuft's.

Kennen Sie das? Wie es ist, wenn man sich ein Pensum vorgenommen hat, sogar eines, auf das man sich freut – und es läuft einfach nichts? Das ist eine Tortur. Man weiß zwar genau, wo es lang gehen soll und wie es abzulaufen hat – aber es rührt sich einfach nichts. Anlauf-Schwierigkeiten.

Stundenlang tigerte ich nun schon durchs Haus und ließ mich ablenken. Hörte Musik, schaute Talksshows. Verkroch mich auf die Couch, kochte mir einen weiteren Cappuccino. Zähflüssige Gedanken und gedankenlose Zeitverschwendung quälten mich um die Wette. Anlauf-Schwierigkeiten.

Sie wären kaum der Rede wert, wenn sie nicht eines jener Phänomene veranschaulichen, um die es in diesem Buch gehen soll. Wie schwer man mitunter in Gang kommt – und wie leicht man doch Spaß haben kann. Wie schön es ist, wenn es läuft – und wie schade, wenn nichts geht. Welchen Gewinn eine scheinbar simple Tätigkeit bescheren kann. Wie gering der Aufwand ist. Wie man plötzlich die Welt mit anderen Augen sieht. Dass es wieder möglich ist, von alltäglichen Dingen zu schwärmen.

> **Anfangs lief es schwerfällig. Aber weil ich langsam lief, fand ich schnell zu meinem rhythmischen Gleichmaß. Ich genoss die Ruhe. Es lief.**

Das tat ich nämlich an diesem Nachmittag im Januar. Die Sonne schenkte ein bisschen Wärme. Ich hatte mich warm angezogen, funktionelle Trainingskleidung und Laufschuhe – und lief los.

Ein schöner Nachmittag. Ich lief meine Runde durch den Wald. Anfangs lief es schwerfällig. Aber weil ich langsam lief, fand ich schnell zu meinem rhythmischen Gleichmaß. Ich genoss die Ruhe, hörte nur meinen Atem, spürte kaum Anstrengung.

Ich fühlte die Natur, meine Natur.

Hinterher, nach der Dusche und dem großen Schluck aus der

Pulle, war ich frisch, voller Tatendrang – und plötzlich lief es auch wieder ganz leicht mit der Arbeit an diesem Buch. Wie gut.

Seit fast 20 Jahren laufe ich fast täglich. Anfangs eine gute halbe Stunde lang, jetzt meist länger als eine Stunde. Damals begegnete man kaum einem Mitläufer. Längst ist Laufen zum Mega-Trend für Millionen geworden. Und das ist gut so. Denn Laufen ist die beste und wirksamste Medizin, die Sie Körper und Seele

> Ich laufe so gerne, weil ich beim Laufen zu mir finde. Weil mich Laufen gelassener macht – weil ich mich zwar mal verlaufe, aber nicht mehr so leicht verrenne.

bieten können. Welchen gesundheitlichen Nutzen Laufen bringt, wie Sie es schaffen, dass Laufen wirklich Spaß macht und wie Sie durch regelmäßiges Laufen dauerhaft schlank bleiben – davon handelt dieses Buch. Lauferfahrungen aus erster Hand.

Laufen, diese scheinbar läppische Sache, gewinnt für jeden, der Lust am Laufen hat, hohe Symbolkraft. Manchmal läuft es überhaupt nicht gut. Manchmal läuft alles wie geschmiert. Und manchmal laufen wir gegen die Wand. Stimmt, man kann das Leben, den Lebenslauf durchaus als eine Art Marathon sehen. Mit Anlaufschwierigkeiten, Zwischenspurts und Zielgeraden.

Ja, deshalb laufe ich so gerne. Weil ich beim Laufen zu mir finde. Weil der Weg das Ziel ist. Weil mich Laufen gelassener macht – weil ich mich zwar ab und zu mal verlaufe, aber nicht mehr so leicht verrenne.

Und auch deshalb laufe ich so gerne. Weil ich an Folgendes glaube: Kilometerfressen macht schlank. Weil ich weiß: Wer rastet, der rostet; aber Meilen, die heilen. Weil ich hoffe: Durch Laufen kann ich dem natürlichen Altersprozess davonlaufen und zwanzig Jahre vierzig bleiben. Vor allem macht es einfach Spaß. Deshalb möchte und kann ich Laufen jedem nur empfehlen.

Ulrich Pramann

Die **Lust**

Laufen ist einfach, aber
in die Gänge kommen ist schwer

Diese Lust am Laufen, wenn es läuft. Gibt es eigentlich noch eine Steigerung von Strandlauf? Also folgendes Szenario: Ich laufe der Sonne entgegen – vor allem aber dem Wind. Er fasst in die Haare, er drückt gegen den Körper, er leckt meinen Schweiß und macht mir Mühe. Aber es ist grandios, diese Kraft des Windes zu spüren, wie er den Körper traktiert und ihm zugleich auch schmeichelt.

Es müsste so gegen halb acht sein, bald geht die Sonne unter. Das Mittelmeer gluckst und rumort. Der Wind pfeift leise und bläst Sand über den Strand. Die Sonne steht flach, sie sticht direkt in meine Augen. Von dem, was vor mir liegt, sind nur Konturen zu sehen.

Der Strand ist ziemlich einsam. Da küssen sich zwei. Sie stehen bis zum Hintern im Meer. Dort tollt eine fröhliche Mutter mit ihrem Baby, und ihr Hund huscht hin und her. Und da kommt aus der gleißenden Sonne ein Läufer, er läuft in meine Bahn. Wir lächeln uns an. Auch er hat seinen Spaß.

Mensch, wie ich schwärme.

Gleich werde ich umkehren, werde ich den Wind im Rücken spüren, dann fällt das Laufen noch leichter. Vielleicht fliege ich dann. Ja, ich fühle den Wind. Er macht mir Freude. Meine Beine fühle ich nicht, obwohl ich den ganzen Tag auf den Beinen war und eigentlich müde sein müsste.

Wie Laufen beflügeln kann

Das alles ist jetzt wunderbar. Wirklich, ich fliege fast. Ich fühle mich schwerelos. Schwebe ich? Es sind raumgreifende Schritte, die mich über den Sand katapultieren. Mein Atem geht ganz gleichmäßig, es läuft wie von selbst. Sicher lächle ich vor Glück. Ich denke an meine Liebste und laufe ihr in meinen Gedanken entgegen. Sie kann gar nicht so weit fort sein, dass ich sie nicht erreichen könnte. Wie stark ich mich gerade fühle, wie leicht, wie elastisch und wie frisch.

Einmal denke ich, schreib das mal auf, dieses Erlebnis beim Laufen. Und dann fürchte ich, dass es viel zu pathetisch wird, viel zu schwärmerisch, für Nichtläufer liest sich das bestimmt ganz schön lächerlich.

Und dann habe ich es doch aufgeschrieben, genauso, ich schwöre es. Vor vielen Jahren war das, nach einem Abendlauf in Südfrankreich. Meine Güte, soviel Pathos. Ein bisschen schäme ich mich jetzt dafür. Nein, eigentlich doch nicht. Denn genauso fühlte ich damals. Und so oder so ähnlich ist es auch heute noch häufig beim Laufen – wenn es richtig läuft.

Die ersten Schritte sind nicht leicht.

Lust am Laufen? Seien wir fair. Vermutlich läuft bei den allermeisten ein anderer Film, jedenfalls anfangs. Denn die ersten Schritte sind nicht ganz leicht, sie können sogar verdammt schwer fallen. Sicher geht alles deutlich leichter, wenn ein Freund, eine Kollegin, der Partner als Mitläufer bereit steht – wenigstens moralisch.

> **Nichts ist auf der Erde ohne Beschwerlichkeit! Nur der innere Trieb, die Lust, die Liebe helfen uns, Hindernisse zu überwinden.**
> *J. W. Goethe in Wilhelm Meisters Lehrjahre*

Lust am Laufen? Seien wir ehrlich: Anfangs fühlen sich die meisten so ähnlich wie damals in der Dreikäsehoch-Phase. Wenn, plumps, die Kontrolle verloren geht. Wenn es Schmerzen bereitet. Wenn man sich mühsam hochrappelt. Der Vorteil als Baby: Da leiten Instinkte zum Weitermachen. Laufen lernen ist mühsam.

Beim Lauf-Debut eines Erwachsenen melden sich meist intellektuelle Zweifel am Tun.

Die hemmen. Mensch, warum soll ich mir das denn antun, mir Seitenstiche einhandeln, oder einen Muskelkater oder gar den Spott (»und eins, und zwei, eins, zwei, hopp, hopp, hopp«) von irgendwelchen Ignoranten. Laufen lernen ist mühsam. Auch beim zweiten Mal.

Der Einstieg in ein neues Leben

Lust am Laufen? Diesem wunderbaren Gefühl der Leichtigkeit, diesem großartigen Zustand, in dem es dann scheinbar ganz von selbst läuft – diesem leichtfüßigen Glück muss so gut wie jeder erst einmal eine gewisse Zeit hinterherlaufen. Leerlauf. Durststrecken. Phasen, die Willenstärke erfordern, gehören dazu. Laufen ist Willenssache und Laufen ist Willenstraining.

---

5 Regeln, die Einsteiger beherzigen sollten:

01 Denken Sie in größeren Zeiträumen. Nicht der schnelle Erfolg ist entscheidend, sondern was Sie in drei Monaten erreichen wollen. Nehmen Sie sich Zeit.

02 Seien Sie geduldig. Jeder Erfolg braucht seine Zeit.

03 Akzeptieren Sie, dass Sie nicht sofort Ihr Ziel erreichen und den Erfolg sehen, sondern Schritt für Schritt.

04 Lassen Sie sich nicht von Rückschlägen entmutigen, die sind ganz normal.

05 Zählen Sie in den ersten Wochen nicht die Kilometer, sondern die Minuten, die Sie laufen.

Laufen beginnt im Kopf. Anfangs ist deshalb die richtige Einstellung besonders wichtig.

Wenn's läuft, dann läuft's. Durch regelmäßiges Laufen kräftigen Sie den Körper und stärken Sie Ihre Gesundheit. Aber nicht nur. Das ganze Wohlgefühl verzinst sich auf wunderbare Weise. »Laufen stabilisiert mich enorm«, erkannte Bill Clinton, der auch als US-Präsident Zeit zu seiner Jogging-Runde fand. »Laufen hilft mir, optimistisch durchs Leben zu gehen«.

»Wenn nichts mehr läuft, dann lauf!«

Weil Beate ihr kompliziertes Leben endlich in den Griff kriegen wollte, wagte sie einen ungewöhnlichen Schritt: Sie meldete sich zu einem Kurs im Deutschen Lauftherapiezentrum Bad Lippspringe an. Sie lernte dort langsamen Dauerlauf – und wie der Lebensfluss dadurch wieder in Gang kommen kann. Beate hat ihre Erfahrungen aufgeschrieben. »Wenn nichts mehr läuft, dann lauf! Sich durch LAUFEN von der konfliktträchtigen Situation, von den Menschen, mit denen es Schwierigkeiten gibt, von der Arbeit, in der man festsitzt, zunächst einmal entfernen, bedeutet: Abstand gewinnen. Meistens kehren wir von einem solchen Lauf schon gelöster, eben anders zurück.

Durch die körperliche Bewegung wird auch die geistige angeregt. Damit öffnen sich Möglichkeiten, Situationen, Menschen und Probleme aus einer neuen Perspektive zu sehen. Wenn nichts mehr läuft, dann lauf!«

Laufen als Weg zur Selbstfindung

»Why do I run?« – warum laufe ich eigentlich? Mit professionellem Gespür rückte der Sportartikel-Hersteller Nike (»Just do it«) diese Frage aller Fragen in den Mittelpunkt einer Anzeigen-Kampagne.

Ja, warum laufe ich eigentlich? Es gibt tausend Antworten.
- Weil ich zu mir finden will.
- Weil der Weg das Ziel ist.
- Weil nur ich selbst meinen Weg herausfinden kann.
- Weil ich als Läufer Mitglied eines großen Teams werde.
- Weil ich weiß, wenn ich einen Kilometer in 5:01 schaffe, dann kann ich ihn auch in 4:59 laufen.
- Weil ich dem natürlichen Altersprozess davon laufen kann.

Laufen für die Fitness

Es ist nie zu spät. Diesen späten Quereinstieg verkörpert einer wie Joschka Fischer sehr eindrucksvoll. Der grüne Politiker zog in seinem Toscana-Urlaub 1996 eine fatale Zwischenbilanz: Mann

10 gute Gründe
für regelmäßiges Laufen

01 Laufen ist gesund – das wirkungsvollste Training fürs Herz-Kreislauf-System. Jeder kann seinen Fitnesszustand in wenigen Monaten deutlich verbessern.

02 Laufen ist leicht. Sie können Ihren Stil schnell verbessern, um effektiv zu laufen.

03 Laufen ist überall und jederzeit möglich. Dieser Sport macht unabhängig: von Partnern und Jahreszeit.

04 Laufen ist eine wunderbare Art, um Stress abzubauen. Mit wenig Aufwand (30 Minuten) können Sie nach einem Arbeitstag viel für Ihre Entspannung tun.

05 Laufen ist die wirkungsvollste Methode zur Gewichtskontrolle. Bei kaum einer anderen sportlichen Aktivität verbrennen Sie in derselben Zeit ähnlich viel Kalorien.

06 Laufen ist wie eine Medizin, die das Wohlbefinden, aber auch das Selbstbewusstsein und Körpergefühl stärkt.

07 Laufen ist besser als jedes Schlafmittel. Sie werden ganz natürlich rechtschaffen müde.

08 Laufen ist gut für die Lust. Regelmäßiges Laufen stärkt den sexuellen Appetit und die Liebesfähigkeit.

09 Laufen ist in jedem Alter möglich. Sie sind nie zu alt, um mit dem Laufen anzufangen oder Ihr Training regelmäßig auszuüben.

10 Laufen ist ein idealer Fitness-Sport, um biologisch jung zu bleiben. Wer regelmäßig läuft, kann 20 Jahre 40 bleiben.

in der Lebensmitte. Von der Frau verlassen, auf Selbstzer-störungstrip. Er strampelte in der Tretmühle des politischen Lebens. Er war fett geworden und kurzatmig. Nachts wurde er mit Herzschmerzen wach, hatte panische Angst. In dieser Situation verordnete sich Joschka Fischer einen »notwendigen Egotrip«. Er wollte sich wieder um sich kümmern. Er wollte alles anders machen. Er fing wieder mit Laufen an. Wenn er sich frühmorgens auf den Weg machte, zog er sich anfangs, aus Sorge vor berichterstattenden Frühaufstehern, die Kapuze tief über die Stirn. »Mein Gewicht war trotz aller Anfangserfolge noch erheblich, so dass durchaus die Gefahr bestand, dass die Bonner Erdbebenwarte mit ihren feinen Messgeräten reagieren würde, wenn ich los stapfte«. Die ersten Wochen waren »qualvoll«. Aber er hielt durch. Er hielt und hält sich seither konsequent an sein Trainingsprogramm. Der Lohn: Fischer nahm über 30 Kilo ab. Mehr noch: Er gewann ein neues, positives Körpergefühl.

> **Man muss diese Erfahrung selbst gemacht haben, dass man sich durch einen einstündigen Lauf nicht kaputtmacht, sondern, ganz im Gegenteil, hervorragend erholen kann.**
>
> *Joschka Fischer*

»Ich fühle mich wie neugeboren ...«

Längst ist Laufen für ihn Genuss geworden. In seinem Buch *Mein langer Weg zu mir selbst* schreibt Fischer: »Was ich brauche, ist Erholung und zwar für den ganzen Menschen, für Körper und Geist. Früher wäre ich in die Kneipe gegangen oder einfach nur ins Bett, heute weiß ich, dass ich diese Erholung selbst noch kurz vor Mitternacht auf der Straße finden werde. Wenn ich nach etwa einer Stunde und zehn Kilometern Laufen schweiß-nass und quietschfidel in meine Wohnung zurückkehre, werde ich mich wie neugeboren fühlen, denn der ganze Frust, die Müdigkeit und Schlappheit werden von mir abgefallen sein. Und ganz nebenbei habe ich vielleicht dann auch noch das eine oder andere politische Problem in meinem Kopf gelöst, oder mir ist ein neuer Gedanke gekommen, denn beim Laufen passieren im Kopf erstaunliche Dinge. Man muss diese Erfahrung wohl selbst gemacht haben, dass man sich durch einen einstündigen Lauf nicht kaputtmacht, sondern, ganz im Gegenteil, hervorragend erholen kann.«

Wie vorteilhaft regelmäßiges Lauftraining wirkt:

- Das Herzvolumen nimmt zu.
- Der Blutdruck sinkt.
- Die Zahl der roten Blutkörperchen, die für den Sauerstoff-Transport verantwortlich sind, nimmt zu.
- Der Körper wird besser durchblutet.
- Die Fähigkeit der Immunzellen, die Eindringlinge bekämpfen, steigt deutlich.
- Der Ruhepuls sinkt.
- Das Herz arbeitet ökonomischer.
- Der Körper regeneriert besser.
- Die Produktion des Geschlechtshormon Testosteron nimmt zu.
- Die Elastizität der Gefäße nimmt zu.
- Die Zahl der fettverbrennenden Enzyme wächst.

Der zweite Lauf-Boom

Laufen, diese uralte Sache, ist zum Massentrend geworden. Vorbei die Zeiten, als Läufer wie exotisch-kauzige Gesundheitsapostel bestaunt oder als uraltmodische Trimm-Dich-Typen mitleidig belächelt wurden. Selbst Joan Benoit-Samuelson, die erste Marathon-Olympiasiegerin (1984) wurde, beschlichen einst beim Lauftraining peinliche Gefühle. Heute berichtet sie anekdotisch, was passierte, wenn sie Autofahrern begegnete: »Ich stoppte dann, bückte mich und tat so, als würde ich Blumen pflücken.«

Laufen boomt. Zum zweiten Mal. »Wir haben es heute mit einem anderen Typ Läufer zu tun, als in den 70er Jahren. Damals konnte man sich in der Laufszene nur profilieren, wenn man die Qualifikation zum Boston-Marathon geschafft hatte«, sagt der amerikanische Autor und Trainings-Guru Jeff Galloway (*Runners World*), einst Olympiateilnehmer. »Heute ist der Leistungsgedanke in den Hintergrund getreten; man ist stolz, wenn man das Ziel erreicht – bei einem Marathon oder in einem Fünf-Kilometer-Lauf.«

»Laufen – das Medikament des Jahrhunderts«

Nicht nur Sportmediziner, vor allem Läufer können die segensreiche Wirkung von regelmäßigem Laufen bestätigen. Das so genannte Wohlstandssyndrom, das in der Medizinersprache als metabolisches Syndrom bekannt ist, macht Millionen zu schaffen: Zu wenig Bewegung und zu viel Fett und Süßes führen zu Übergewicht, Bluthochdruck, Zuckerkrankheit. Am Ende dieser Stoffwechselstörungen stehen Herzinfarkt und Schlaganfall als häufige Todesursachen.

Diesen Problemen kann jeder buchstäblich davonlaufen. Hoffnungsfroh titelte eine Wiener Zeitung: »Laufen – das Medikament des Jahrhunderts.«

Spar-Takt

Durch ein regelmäßiges Lauftraining verringert sich der Ruhepuls um 20 auf nur 55 Schläge pro Minute. Das bedeutet: Das Herz spart rund 30 000 Schläge, Tag für Tag. Das wären im Jahr ungefähr zehn Millionen weniger.

Wie Laufen das Herz-Kreislauf-System stärkt

Das Herzstück unseres Körpers ist die Pumpe, also das Herz. Es ist der Schlüssel für Gesundheit und Fitness. Das Herz ist ein Muskel in der Mitte unseres Brustkorbs, der natürlich trainiert werden kann.

Das Herz, so groß wie unsere Faust, wiegt bei Frauen im Durchschnitt 260 Gramm, bei Männern 60 Gramm mehr. Durchschnittlich schlägt das Herz 70- bis 80-mal in der Minute. Machen wir mal eine Rechnung auf. Nehmen wir an, Ihr Herz schlägt 75-mal pro Minute. Wären 4 500-mal pro Stunde, über 100 000-mal am Tag. Also 40 Millionen Mal im Jahr – wenn Sie sich nicht körperlich belasten. In 70 Lebensjahren muss das Herz mindestens drei Milliarden Pumpvorgänge leisten.

Man kann das ausdauertrainierte Sportlerherz durchaus als starken Motor mit großem Hubraum sehen. Das Herz eines Untrainierten wäre vergleichbar einem schwachen Motor mit kleinem Hubraum. Klar, der schwächere Motor kann die gleiche PS-Zahl nur bringen, wenn er seine Drehzahl erheblich erhöht. Größerer Verschleiß und kürzere Lebensdauer sind die Folge.

Warum Laufen das Lernen und Denken verbessert

Bewegung fördert das Denkvermögen. In zahlreichen Studien haben amerikanische Forscher herausgefunden, dass Ausdauersport das Lernen erleichtert und das Gedächtnis verbessert. Das Schlüsselwort dabei: neuronale Plastizität. Soll heißen, dass Nervenzellen sich verändern und Kontakte zu anderen Zellen knüpfen können. Es bilden sich gewissermaßen Informationskanäle. »Bewegung ist eine Voraussetzung für die Lernfähigkeit des Gehirns«, bestätigt Wilfried Köhler, Psychiater und Chefarzt am Frankfurter Bürgerhospital.

Wenn wir unseren Körper belasten, nimmt die Blutzufuhr – und mithin auch die Sauerstoffzufuhr – im Gehirn um bis zu 25 Prozent zu. Das ist ein wissenschaftliche Tatsache. Wie positiv sich das auswirkt, wissen Läufer. Sie sind wacher, aufnahmefähiger. Sie haben einen klareren Kopf. Teilweise liegt das sicher auch am rhythmischen Gleichmaß der Bewegungen und am Ungestörtsein.

Fest steht: Während eines Trainingslaufes lässt es sich besser denken. Laufen verbessert noch im Alter das Gedächtnis, Lernvermögen und Kreativität, weil bei moderatem Laufen neben der besseren Sauerstoffversorgung auch der Anteil des Stimmungshormons Serotonin im Gehirn steigt.

Warum Laufen den Muskelapparat stärkt

Ein trainierter Körper produziert mehr Blut als ein untrainierter. Die Blutmenge nimmt durch Training um bis zu zwei Liter zu. Mehr Blut bedeutet: bessere Versorgung mit Sauerstoff.

Außerdem bildet der trainierte Körper mehr dieser Kapillaren, die schließlich den Muskeln das Blut zuführen. Die Durchblutung verbessert sich bis zu 40 Prozent. Das ist günstig, weil:
- Der Durchmesser der langsamen Muskelfasern (sie sind für die Ausdauerleistung zuständig) zunimmt.
- Die Zahl der Zellkraftwerke (Mitochondrien) und auch der Enzyme (sind für die Sauerstoffverwertung zuständig) steigt.
- Die Speicherkapazität für Sauerstoff (Myoglobin) und Kohlenhydrate (Glykogen) steigt.

Wie durch Laufen die Pfunde purzeln

Klar, Bewegung stimuliert den Stoffwechsel. Beim Training läuft der Stoffwechsel auf höheren Touren, Kalorien verbrennen schneller. Hinzu kommt, was amerikanische Wissenschaftler »Afterburn« nennen – eine Nachbrenn-Phase. Noch Stunden nach intensivem Training bleibt der Stoffwechsel angeregt und der Grundumsatz an Kalorien erhöht.

Aktive Entspannung

Laufen entspannt, allerdings gilt folgende Einschränkung: Nicht mehr spätabends powern, wenn der Körper gemäß seiner biologischen Uhr hormonell bereits aufs Zubettgehen eingestellt ist. Dann könnte das Einschlafen schwerfallen. Die optimale Zeit fürs Training ist bis ca. 19 Uhr.

Wer regelmäßig läuft, wird kaum ein Gewichtsproblem kennen. Mehr dazu im Kapitel »Das Abnehmen«. Wer sein Trainingspensum ausdehnt, wird viele Pfunde lassen, weil die Kohlenhydrat- und schließlich die Fettspeicher stark angegriffen und geleert werden. Allerdings setzen lange Distanzen längere Lauferfahrung und einen guten Trainingszustand voraus.

Wie Laufen das Immunsystem stabilisiert

Wenn der Stoffwechsel intakt ist, weiß sich der Körper besser zu wehren: Er wird weniger anfällig für Infektionskrankheiten. Laufen ist ein idealer Schutz gegen Erkältungen. Sie müssen allerdings die richtige Dosis finden. Mäßiges und ruhiges Ausdauertraining stimuliert nachweislich die Immunabwehr, zuviel Training kann die Abwehrkräfte schwächen.

Was zu viel ist?

Ab wöchentlich 95 Trainingskilometer, das zeigen Untersuchungen, steigt die Anfälligkeit für Erkältungen sprunghaft.

Übrigens: Ihre Abwehrkräfte funktionieren am wirkungsvollsten, wenn moderates Training noch durch drei Punkte unterstützt wird – bewusste Ernährung, ausreichend Schlaf und wenig Stress.

Warum Laufen die Erholung verbessert

Wer acht, neun, zehn Stunden am Schreibtisch oder gar vor dem Computer sitzt, konzentriert, diszipliniert – der verkrampft. Körper und Seele verspannen. Durchs Laufen lassen sich Spannungen wieder lösen. Warum, ist leicht zu erklären. Es findet eine körperliche Regulation über den Stoffwechsel statt: bessere Durchblutung, mehr Sauerstoff im System.

Während des Arbeitstages im Büro werden Gehirn und Nerven (lange Konzentrationsphasen) einseitig gefordert – und oftmals durch Stress belastet. Sportliche Betätigung sorgt für Balance. Dadurch werden Stresshormone abgebaut. Sie werden ruhiger.

Die natürliche Reaktion des Körpers nach einer Anstrengung: Er will sich erholen – eine gesunde Müdigkeit stellt sich ein.

Allerdings macht sich diese wohltuende Wirkung erst nach der neunten Woche (bei dreimal 20 bis 30 Minuten Lauftraining) spürbar bemerkbar. Und nach 18 Wochen wird der erholsame Effekt des Laufens dann richtig und dauerhaft wahrgenommen.

> Laufen: Man befreit sich damit nicht aus den Ketten der Zivilisation, aber man wird freier – und wenn man nur freier atmet. Man lebt vielleicht nicht länger, aber gesünder, lustvoller. Und wenn das Ganze ein Mordsselbstbetrug sein sollte? Macht nichts – man fühlt sich phantastisch dabei.
>
> *Michael Fritzen, Frankfurter Allgemeine*

Wie Laufen den sexuellen Appetit steigert

»Wer lange läuft, kann auch länger«. Wirklich? Seriöse Studien haben erwiesen, was eigene Erfahrungen vermuten ließen: Es existiert ein enger Zusammenhang zwischen Freizeitsport und sexuellem Verlangen. Teilnehmer eines Laufprogramms hatten zwölfmal pro Monat Lust auf Sex. Vor Trainingsbeginn waren es im Schnitt nur siebenmal.

Ein paar einfache Erklärungen dafür:

⊙ Sie erhöhen Ihre Stoffwechselfähigkeit.
⊙ Sie steigern Ihre Ausdauerfähigkeit.
⊙ Sie regenerieren schneller und besser.
⊙ Sie gewinnen mehr Körpergefühl und Selbstsicherheit.

Warum Laufen gut fürs seelische Gleichgewicht ist

Unter Volksläufern verteilte Professor Dr. Alexander Weber (Universität/Gesamthochschule Paderborn) Fragebogen, um die Motivation von Joggern zu ermitteln. Sein Interesse galt vor allem den psychischen Auswirkungen des Laufens. Ergebnis: Mit Abstand an der Spitze steht das Motiv »seelisches Gleichgewicht«. Die Lebensfreude steigt, ebenso das Selbstwertgefühl. Gleichzeitig klingen Angst- und Depressionszustände ab.

Die meisten Läufer fühlen sich nach dem Laufen »froh und ausgeglichen«, »entspannt, stolz und erfrischt«, »einfach unglaublich wohl«. Frauen empfinden diese positiven Effekte sogar noch häufiger, deutlicher und stärker als Männer.

Eine Auswirkung benennt Professor Weber »Vitalisierung«. Damit ist ein ausgeprägtes Lustgefühl gemeint. In vielen Protokollen fand sich der Hinweis von »verstärkter Libido«. Das gilt allerdings nur für »normale

> **Laufen bringt dreierlei Gefühle von Euphorie hervor: das meditative High-Sein beim Laufen alleine und ein zum Nachdenken anregendes Tempo; das Wettkampf-High vom schnellen Laufen an unsere physischen Grenzen; und das High der Kameradschaft, mit Freunden zusammen zu laufen.**
> *Bob Glover (»The Runner's Handbook«)*

Läufer«. Bei »Intensivläufern«, also jenen Freaks, die wöchentlich 100 Kilometer und mehr abspulen, »kippt das um« (Weber). Da läuft dann nicht mehr viel.

Runner's High – was ist das eigentlich?

Manchmal glaubst du glatt, gleich hebst du ab. So leicht läuft es sich, so mühelos, so selbstverständlich. Du fühlst dich stark, elastisch, leicht, du fühlst dich leichtfüßig und frisch. Du müsstest eigentlich müde sein. Du warst den ganzen Tag auf den Beinen. Aber du spürst deine Beine nicht bei diesem Trainingslauf, auch nach einer knappen Stunde noch nicht. Du bist wie berauscht von deinem eigenen Tun.

Du erlebst gerade das phänomenale Gefühl namens Runner's High. Für den Laufrausch sind Endorphine verantwortlich, die der Mensch im eigenen Körper produziert.

Biochemisch betrachtet haben Endorphine Ähnlichkeit mit dem Rauschstoff Morphin (endo = griech.

Endorphin
ist im menschlichen Betriebssystem als schmerzlinderndes Happy-Hormon vorgesehen, das uns in extremen Situationen – bei Gefahr, Angst, großem Stress – zusätzlich Flügel verleihen soll. Welchen Kick suchen wohl Bungee-Springer oder Extrem-Kletterer? Stimmt, da ist auch die endorphingesteuerte Angstlust im Spiel.

innerlich). Die Substanz befreit in kleinster Dosis von Schmerzen und erzeugt eine Art Glückszustand. Der Körper produziert die schmerzlindernde »Wohlfühldroge« Endorphin nur in extremen Situationen. Zum Beispiel beim Bungee-Springen oder Extrem-Bergsteigen. Der Endorphin-Spiegel erhöht sich übrigens auch bei Frauen, die gerade ein Kind zur Welt bringen – auf natürliche Weise schützt sich der Organismus vor Stress und Angst.

Doch Endorphine werden nur unter gewissen Umständen frei:
⊙ Bei langen Läufen (nach rund einer Stunde) in langsamen Tempo.
⊙ Bei kurzen, aber sehr intensiven Läufen.

Das Runner's High wird allerdings von den meisten Nicht-Läufern ziemlich überschätzt. In all den vielen Jahren habe ich es vielleicht ein Dutzend mal erlebt, öfters nicht. Leider. Doch auch ohne Runner's High kann es einem beim Laufen angenehm über den Rücken laufen. Wenn diese Sauerstoff-Dusche den ganzen Organismus mobilisiert, die Muskulatur bis in die kleinste Faser aktiviert – ja, auch das macht Glücksgefühle frei, wenn vielleicht auch keine Glückshormone.

> Auch ohne Runner's High kann es einem beim Laufen angenehm über den Rücken laufen.

Es ist einfach nur schööön.

Dieses bewegende Wohlgefühl hat der Arzt und Autor Dr. George Sheehan mal als »Gipfelerlebnis des vollkommenen Friedens« charakterisiert. Unterwegs beim Laufen, da sei er oftmals außerordentlich kreativ und poetisch.

Vielleicht erklärt das, warum Läufer manchmal bekennen, sie seien nach dem Laufen geradezu süchtig. Lauf-Sucht.

Kann Laufen wirklich süchtig machen?

Professor Alexander Weber: »Ja, es kann, ebenso wie auch Arbeit abhängig machen kann, was wir an all den Workaholics sehen. Sucht ist im herkömmlichen Sinne ja etwas Negatives: Fernsehsucht, Fresssucht, Konsumsucht, Nikotinsucht, Alkoholsucht oder gar Drogensucht. Die Laufsucht fällt nicht in diese Kategorie. Schließlich schädigt man ja keinen anderen. Und sich selbst auch nicht.«

Denn vom Laufen wird so gut wie keiner krank oder wirklich süchtig. Sehr viele Menschen werden dagegen krank, weil sie nicht laufen.

Große und kleine Lust-Gefühle

Wenn es richtig läuft, steigt auch das Interesse an den Erfahrungen, die andere mit dem Laufen machen. Auch das hat George Sheehan mal prima auf den Punkt gebracht: »Die erste halbe Stunde laufe ich für meinen Körper, die zweite halbe Stunde für meine Psyche«.

Die Rede ist also vom Laufrausch. Dem Runner's High. Diesem herrlichen Gefühl, wenn man meint, gleich abzuheben.

Das Lustgefühl Runner's High können Laufanfänger oder Gelegenheitsläufer noch nicht kennen. Denn man muss ungefähr eine Stunde langsam laufen, ehe unser Körper damit beginnt, die Wohlfühldroge namens Endorphin auszuschütten.

Wie gesagt: Diese extreme Lust ist beim Laufen leider die Ausnahme. Dafür entwickeln sich kleinere Gefühle zu größeren. Jeder, der mit dem Laufen angefangen hat und sich anfangs nicht übernimmt, wird im Laufe der Zeit erleben, dass Laufen nicht nur gut tut und gut ist. Laufen wird zu etwas Spielerischem, etwas Zweckfreiem. Beim Laufen entdecken wir eine Fähigkeit, die lange verloren schien: ursprüngliche Freude, schiere Lust an der Bewegung.

> Die erste halbe Stunde laufe ich für meinen Körper, die zweite halbe Stunde für meine Psyche.
>
> *Dr. George Sheehan*

Die **Motivation**

Wie ich fürs Laufen
mental fit werde

Durchhänger sind normal. Manchmal hat man einfach keine Lust zum Laufen. Mal macht es uns das Wetter schwer. Mal scheint es zu kalt oder zu heiß oder zu stürmisch oder die Wolken hängen einfach tief. Manchmal ist es noch zu früh oder schon zu spät oder zu kurz nach dem Essen. Dann kläfft der innere Schweinehund, er will Sie zurückhalten. Und Sie lamentieren dann: Mensch, heute habe ich wirklich keine Lust mich aufzuraffen.

Alle guten Vorsätze sind dahin. Und Sie denken: Mist, wenn mich doch jetzt nur einer aufbauen würde. Nein, Krisen sind kein Drama, sie sind alltäglich. Fast jeder muss sie durchlaufen. Immer wieder.

Tröstlich vielleicht: Solche Krisen lassen sich überwinden. Es geht ganz leicht, wenn Sie wissen, wie es läuft. Denn sie lässt sich jederzeit aufbauen – die nötige Motivation. Jeder kann lernen, sich selbst Beine zu machen.

Einstellungssache
Laufen ist Willenssache und Willenstraining. Laufen beginnt im Kopf. Deshalb ist zu Anfang die richtige Einstellung besonders wichtig. Nicht die kurzfristigen Erfolge zählen, sondern wichtig ist, was Sie langfristig erreichen. Sie wollen doch Laufen zu einer festen Gewohnheit in Ihrem Leben machen. Nur dieses langfristige Ziel zählt.

Was genau ist eigentlich Motivation?
Stopp! Wir sollten zunächst mal ein Missverständnis klären. Wer auf den großen Kick durch andere wartet, liegt daneben und denkt falsch. Denn wirksame Energien können wir von nirgendwo erwarten. Positiven Antrieb, also Motivation, finden wir nur in uns selbst. Deshalb sollten wir grundsätzlich klären, was Motivation wirklich ist.

Motivation – das Wort sagt es schon – ist eng gekoppelt mit Motiven, also mit Beweggründen: Was treibt mich dazu?

Wirklich motiviert bin ich, wenn ich einen Sinn in meinem Tun erkenne. Das ist ganz wichtig – erst innere Überzeugung lässt mich mit Freude und Engagement handeln, erzeugt die nötige Willenskraft und das Durchhaltevermögen.

Wie finde ich die richtige Einstellung?

Machen Sie sich immer wieder bewusst: Was ist mein Ziel? Für welches große Ziel wollen Sie trainieren? Was wollen Sie durch das Laufen erreichen? Und warum?

Dieses Warum ist sehr entscheidend für Ihre Motivation. Also: Warum wollen Sie regelmäßig laufen? Genau, Sie wollen in Form kommen, sich fit fühlen und vielleicht auch abnehmen.

Wie sind die ersten Schritte in ein neues Leben?

Laufen ist Willenssache und Laufen ist Willenstraining. Laufen beginnt im Kopf. Deshalb ist zu Anfang die richtige Einstellung ganz besonders wichtig. Machen Sie sich immer wieder klar: Nein, nicht die kurzfristigen Erfolge zählen, sondern wichtig ist, was Sie langfristig erreichen. Sie wollen doch Laufen zu einer festen Gewohnheit in Ihrem Leben machen, zu einem Teil in Ihrem Alltag, oder? Sie wollen doch die schiere Lust am Laufen erleben. Sie wollen doch durch Laufen Stress abbauen. Und wollen Sie nicht auch durch Ihr regelmäßiges Training den Fettverbrennungs-Motor am Laufen halten?

> Machen Sie sich immer wieder klar: Nicht die kurzfristigen Erfolge zählen, sondern wichtig ist, was Sie langfristig erreichen. Machen Sie sich immer wieder klar, warum Sie eigentlich laufen wollen.

Welcher mentale Trick erleichtert den Einstieg?

Ja. Sie können in Ihrem Kopf Kino spielen. Sie können mit Ihren Gedanken positive Bilder erzeugen. Sie können das gewünschte Ziel schon gedanklich erreicht haben. Sie können das Ziel visualisieren. Nutzen Sie diese Visualisierungs-Technik.

Und noch einmal: Machen Sie sich Ihre Motive immer wieder klar – warum laufen Sie und was wollen Sie damit erreichen? Die Antwort ist wichtig. Denn nur dann können Sie die richtige Einstellung entwickeln. Und nur dann wird sich jener Spaß beim Training einstellen, der beflügelt und über alle Tiefs hinweghilft.

Wie überliste ich den inneren Schweinehund?

Selbstmotivation ist unsere positive Energiequelle – die wichtigste, die uns zur Verfügung steht. Sie sprudelt nur, wenn Sie sich klare Ziele setzen. Wie gesagt: Diese Ziele müssen erreichbar sein, Schritt für Schritt.

Diese Strategie der kleinen Schritten ermöglicht Zwischenresultate und die bescheren kleine, wichtige Erfolgserlebnisse.

Wie kann ich das Training zur Gewohnheit machen?

Gewohnheiten können wie Fesseln sein. Anfangs fällt es sicher schwer, Ihr Training in den Alltag einzubauen. Sie werden immer wieder Ausreden (»keine Zeit«, »keine Lust«) finden. Sie werden sich vielleicht Tag für Tag neu einstimmen müssen, um endlich loszulaufen. Das kostet viel Kraft. Deswegen: Nie lange nachdenken und fackeln. Rein in die Laufklamotten und los! Alte Gewohnheiten lassen sich nur durch neue, oft mühselige Aktivität ändern – bis das Neue schließlich zur Gewohnheit geworden ist. Das dauert rund vier Wochen. Also los: Just do it.

Wie kann ich Rückschläge wegstecken?

Setzen Sie sich realistische Ziele. Sich Ziele zu setzen, diese Ziele nicht aus den Augen zu verlieren, Misserfolge und Rückschläge wegstecken zu können – das ist schwer. Aber vergessen Sie nicht: Auch Sie können das spielend lernen. Stellen Sie sich auch das Erreichen Ihres Zieles in allen Facetten vor. Visualisieren Sie, wie Sie locker laufen. Spüren Sie Freude und Ihr Glück während des Laufens. Wie Sie Ihren Pfunden davonlaufen. Durch diese Visualisierung lösen Sie im Gehirn die nötige

»emotionale Intensität« aus, die Begeisterung in Gang setzt und am Leben hält.

Muss ich mein Training immer stur durchziehen?

Nein. Bleiben Sie immer flexibel. Eine gewisse Trainingsdisziplin sollte schon sein. Aber machen Sie sich bloß nicht verrückt – machen Sie sich nicht selbst zum Sklaven eines total peniblen Trainingsplans. Sie müssen nämlich gar nichts. Sie wollen doch vor allem eines: Spass haben. Wenn es mal nicht gut läuft, gönnen Sie sich zwischendurch Gehpausen. Und warum nicht spontan mal das Pensum ändern?

> Stellen Sie sich Ihr Ziel in allen Einzelheiten vor. Stellen Sie sich vor, wie Sie ganz leicht und locker laufen. Spüren Sie die Freude und das Glück während des Laufens.

Wenn es gar nicht geht, lassen Sie ruhig mal eine Trainingseinheit aus. Fahren Sie stattdessen Rad oder gehen Sie spazieren.

Können Mitläufer helfen?

Ja. Die meisten trainieren solo. Manchmal unfreiwillig, oft aber auch freiwillig. Dabei kann ein Trainingspartner sehr hilfreich sein. Sie werden sich, gerade wenn Sie mal keine Lust zum Laufen haben, leichter aufraffen – schon, um den anderen nicht hängen zu lassen. Außerdem: Plauschend, zu zweit oder in der Gruppe, vergehen längere Distanzen wie im Flug. Weiterer Vorteil: Wenn Sie sich beim Laufen unterhalten, werden Sie automatisch auch das für Sie optimale Tempo einhalten.

Sie könnten sich zum Beispiel auch einem Lauftreff in Ihrer Nähe anschließen – wenigstens einmal in der Woche. Tatsache ist: In Gesellschaft läuft es sich leichter. Außerdem kann man dann laufend Erfahrungen austauschen.

10 Tricks
für erfolgreiche Selbstmotivation

01 Legen Sie vor dem Training Ihre Lieblings-Power-Musik auf, so können Sie sich schnell positiv aufladen.

02 Hüpfen Sie. Das ist ein erster Schritt, wenn Sie aus der Lethargie in Aktion kommen wollen.

03 Führen Sie sich immer Ihr langfristiges Ziel vor Augen.

04 Besinnen Sie sich regelmäßig auf Ihre Stärken. Fragen Sie täglich: Was ist heute für mich gut gelaufen?

05 Erinnern Sie sich auf dem Weg zu Ihrem Ziel an alte Erfolge – und das gute Gefühl, das Sie dabei hatten.

06 Arbeiten Sie mit positiven Affirmationen, um Ihr Selbstbewusstsein zu stärken. »Ich mache meine Sache richtig gut.« »Ich bin innerlich sehr stark und halte durch.« »Ich lasse mich von meinem Weg nicht abbringen.«

07 Denken Sie sich große Aufgabe klein. Große Aufgaben verlieren den Schrecken, wenn sie handlich zerlegt sind.

08 Verzweifeln Sie nicht an Schwierigkeiten. Betrachten Sie Probleme als Chance, die persönliches Wachstum ermöglichen.

09 Planen Sie am Wochenende einen geselligen Lauf mit anderen – und gönnen Sie sich anschließend ein feines Frühstück.

10 Loben Sie sich, wenn Sie etwas gut hingekriegt haben.

Der **Laufstil**

Wie ich mit kleinen Korrekturen
besser über die Runden komme

Klar, Läufer beobachten andere Läufer. Sie achten bewusst oder unbewusst darauf, welche Figur andere beim Laufen machen. Besonders Nichtläufer. Wenn die zum Beispiel einem Bus nachlaufen. Wundersam, welche unterschiedlichen Stilarten es doch gibt. Manche schlurfen, andere trippeln, man sieht welche, die watscheln geradezu, oder sie staksen, stampfen, stürmen, spurten oder schleichen. Manche wirken leichtfüßig auf den Beinen, andere sind schwerfällig, eckig, verkrampft, einfach unharmonisch unterwegs. Mal ist der Oberkörper viel zu sehr nach vorne gebeugt, manche rollen heftig mit dem Kopf, die Arme schlenkern wild oder die Hände werden wie Paddel eingesetzt.

So viele Fehler sind möglich, obwohl Laufen doch die natürlichste Sache der Welt ist.

Die natürliche Bewegung: flüssig und rund

Laufen ist für den Menschen die ursprünglichste Bewegungsform. Darauf sollten wir uns besinnen, wenn wir unseren Laufstil verbessern wollen. Der Bewegungsablauf ist natürlich, wenn wir barfuß laufen. Wir kommen schließlich barfuß auf die Welt. Wenn Sie den Laufstil perfektionieren wollen, bietet Barfußlaufen die beste Orientierung.

Perfektes Laufen – das ist ein leichter, vollkommen fließender, automatischer, eleganter Bewegungsablauf:

- Die Schritte sind flüssig, nicht zu groß (kostet unnötig Kraft).
- Das Kinn hoch nehmen, die Augen schauen geradeaus.
- Der Oberkörper ist aufrecht, nur leicht nach vorne geneigt.
- Die Schultern sind entspannt, sie pendeln nicht vor und zurück.
- Das Becken ist leicht nach vorne gekippt.
- Die Arme, nicht der Oberkörper, schwingen im Schultergelenk mit: zügig und parallel zum Körper (die Ellbogen im rechten Winkel halten).

Wichtig: Die Hände bleiben locker (keine feste Faust machen).
Allerdings: So perfekt laufen die wenigsten. Die meisten
Läufer haben nun mal ihren eigenen, eigenwilligen Stil. Es kann
auch gar keine Laufstil-Norm geben. Denn wir sind bis zu einem
gewissen Grad anatomisch geprägt: durch den Körperbau, durch statische Fehlstellungen, durch Struktur oder Dysbalancen der Muskulatur.

> **Wer richtig läuft, läuft deutlich weniger Gefahr, sich irgendwann mal Verletzungen oder Überlastungsprobleme einzuhandeln.**

Beispiel: Ein verspannter
Nacken oder Rücken kann Ursache für eine ungelenke Armführung sein. In so einem Fall wäre gezieltes Stretching wichtig
und nötig, um Verspannungen zu lösen.

Einen ganz neuen, lupenreinen Laufstil können Sie sich kaum
mehr zulegen. Aber: Sie können Ihren Laufstil jederzeit korrigieren, verbessern, optimieren – und das sollten Sie auch tun.
Hilfreich ist eine Videolaufstilanalyse. Übrigens: In jedem
Laufseminar gehört so eine Stilanalyse zum Standardangebot.

Fest steht: Wenn Sie stilistisch richtig laufen, haben Sie nicht
nur mehr Spaß dabei, Sie laufen auch müheloser (und schneller). Und vor allem: Wer richtig läuft, läuft weniger Gefahr, sich
irgendwann mal Überlastungsprobleme oder Verletzungen einzuhandeln.

Wie kompliziert der Fuß konstruiert ist

Unser Fuß ist ein Wunderwerk, eine komplizierte Konstruktion
aus 26 gelenkig miteinander verbundenen Einzelteilen: sieben
Fußwurzelknochen, fünf Mittelfußknochen, 14 Zehenknochen.
Das Quergewölbe des Vorfußes und die Länge des Fußes
(Brückengewölbe) sind so ineinandergefügt, dass sie sich
gegenseitig festigen. Hinzu kommen zahlreiche Versorgungs-
Pipelines (Blutgefäße, Nerven), Bänder, Muskelzüge und fett-
reiches Bindegewebe, damit das Ganze hält und funktionieren
kann. Schließlich muss bei jedem Laufschritt das Drei- bis
Vierfache des Körpergewichts abgefangen werden.

Der Fuß ist auch eine Art Tastorgan. Die Fußsohle ist mit Sensoren ausgerüstet, die ständig die Beschaffenheit des Untergrunds und den Gegendruck messen. Die aktuelle Belastung wird zudem noch in den Bändern und Sehnen gemessen. Durch unwillkürliche Muskelreflexe wird dafür gesorgt, dass die Druckspitzen genommen werden und sich der Druck verteilt. Nur durch diese kleinen, unwillkürlichen, genialen Korrekturen kann der Fuß die vielen, auch großen Belastungen abfangen.

Spreizfuß, Hohlfuß, Senkfuß – was heißt das?

Es kommt zu Fehlstellungen des Fußes, wenn die durch Bänder, Sehnenzüge und Muskeln notwendigen Verspannungen im Längs- und Quergewölbe erschlaffen oder deformiert sind.

Die Fußdeformation Spreizfuß kommt am häufigsten vor. Ursache: oft zu kurze Schuhe oder zu hohe Absätze. Dadurch werden die Zehen gestaucht. Folge: Die Beugemuskeln der Zehen verkürzen sich, das Quergewölbe sinkt ab. Schließlich wird der Fuß im Bereich der Zehengrundgelenke etwas breiter.

Beim Senkfuß sind Bänder und Muskeln nicht in der Lage, das Quer- sowie das Längsgewölbe des Fußes in Form zu halten.

Die drei Phasen bei einem Laufschritt

Die erste Phase: Aufsetzen. Während der Landephase berührt der Fuß den Boden normalerweise hinten außen. Gebeugtes Hüft-, Knie- und oberes Sprunggelenk dienen bei vorgespannter Beinmuskulatur als Federungselemente.

Die zweite Phase: Stützphase. Kurzfristig wird der ganze Fuß aufgesetzt und geht dann in die Abrollphase über.

Die dritte Phase: Abdrücken. Die Abstoßbewegung läuft über den Mittelfuß ab und über den Großzehenballen.

Häufig ist Übergewicht oder Muskelschwäche die Ursache. Die Folge: Bei jedem Schritt berührt der gesamte Mittelteil des Fußes den Boden. Die Extremform läuft unter dem Namen Plattfuß.

Ein Knickfuß entsteht, wenn die Bänder das Fußgewölbe nicht stabil halten können und jene Muskeln, die den Innen- und Außenteil des Fußes anheben, ungleich stark entwickelt sind. Dadurch verschieben sich die Ferse nach außen und die Knöchel nach innen. Im schlimmsten Fall liegt der innere Fußrand auf dem Boden auf. Häufig kommt der Knickfuß in Kombination mit Senk- und Spreizfuß vor.

Der Hohlfuß ist im Prinzip das Gegenteil vom Senkfuß: Das Längsgewölbe des Fußes ist stark überhöht (hoher Spann). Ursache der Verformung ist meist eine verspannte Muskulatur an der Fußunterseite. Die Zehen sind oftmals krallenförmig versteift. Anzeichen für Hohlfußbildung: Druckstellen an der höchsten Stelle des Spanns, starker Verschleiß der Schuhe in Höhe des Ballens, häufiges Auftreten von Verstauchungen.

Beim Hohlfuß sind Fersenbein und Vorfuß nicht mehr in der optimalen Position, um Stöße abfedern zu können.

Was bedeutet eigentlich Pronation?

Es wäre fatal, wenn wir bei jedem Schritt plump aufprallen würden – mit der Ferse als Puffer. Nein, instinktiv werden die großen Kräfte gedämpft und abgefedert, und zwar mit Hilfe der Bindegewebspolster im Fersenbereich, durch die Einwärtsdrehung bei der Landung (Pronation) und durch die Beinmuskulatur des Sprung-, Knie- und Hüftgelenks.

Pronation ist nichts Schlimmes, wie oft angenommen wird. Sie ist ein genialer Schutzmechanismus unserer Natur.

Pronation ist nichts Schlimmes. Im Gegenteil: Pronation ist ein cleverer, sehr effektiver Schutzmechanismus unseres Körpers. Egal, ob Sie barfuß oder mit Schuhen laufen: Nach dem Aufsetzen an der Außenseite des Fußes bzw. der Sohle verlagert sich die Belastung etwas zur Innenseite, damit das Längsgewölbe einsinken und damit einen Teil des Aufpralls absorbieren kann. Die Pronation wirkt als natürlicher Stoßdämpfer des Körpers, um die ausführlich beschriebenen Stoßkräfte zu reduzieren.

Eine wichtige Rolle spielt der Körperschwerpunkt. Er liegt leicht vor der Hüfte. Während wir laufen, bewegt sich der Körperschwerpunkt nicht nur nach vorne, sondern auch ständig auf und ab (Schwebephase/Stützphase).

Unser Ziel sollte ein sehr flüssiger Laufstil sein. Warum? Er kostet einfach weniger Energie, weil sich der Körperschwerpunkt nur minimal auf und ab bewegt.

Stauchgefahr

Besonders beim Bergablaufen sind zu lange, große Schritte problematisch. Je größer das Gefälle, umso größer ist auch der gefürchtete und gefährliche Staucheffekt – wenn jedes Mal ein Mehrfaches des Körpergewichts abgefangen werden muss.

Was heißt Überpronation?

Entscheidend ist, wie stark ein Läufer proniert. Davon hängt nämlich ab, ob es zu Fehlbelastungen, Deformationen und schließlich sogar zu arthrotischen Veränderungen kommen kann.

Man spricht von einer Überpronation, wenn die Pronationsbewegung über das natürliche Maß hinaus geht – wenn also das Nach-innen-Kippen des Fußes verstärkt mit einer Anhebung des Fußaußenrands und des Fersenbeins verbunden ist. Dadurch wird die Innenrotation des Unterschenkels soweit vergrößert, dass es zu einer erheblichen Mehrbelastung – insbesondere des Knies – kommt. Dieses Phänomen ist – aufgrund von Fußfehlstellungen – bei jedem zweiten Läufer zu beobachten.

Weil die Überpronation als Ursache für Verletzungen der Hüfte, des Knies, der Achillessehne und des Fußes angesehen wird, sollte sie auf jeden Fall kontrolliert werden.

Prinzipiell können Sie die Überpronation durch einen festen, stabilisierenden Schuh in den Griff bekommen. Inzwischen ist das Laufschuh-Angebot für Überpronierer gut sortiert.

Was bedeutet Supination?

Wenn der Fuß sich nach dem Aufprall zu weit nach außen dreht, heißt das Supination. Bei dieser Unterpronation ist das natürliche Dämpfungssystem des Körpers eingeschränkt – die auftretenden Kräfte können also zu Überbelastungen führen. Allerdings sind es nur sehr wenige Läufer (fünf Prozent), die komplett auf der Außenseite der Sohle laufen.

Welcher Laufstil ist orthopädisch vernünftig?

Es war Lauf-Kollege Dr. Ulrich Strunz (*Forever young*), der eine Fersen- oder Ballenlauf-Diskussion auslöste. Wenn der erfolgreiche Motivationstrainer Dr. Strunz auf der Bühne steht und referiert, tänzelt er liebend gerne und predigt dabei den Ballenlauf. Viele Einsteiger sind seiner Empfehlung gefolgt. Manchen tat dieser Laufstil gar nicht gut.

Die Verwirrung ist groß. Welcher Stil also ist orthopädisch besser, was ist besonders ökonomisch, was bringt am schnellsten voran? Sollen Sie über die Ferse abrollen? Oder ist es besser, jeweils mit dem Vorfuß, also auf dem Ballen zu landen? Es kommt ganz darauf an, was Sie vorhaben.

Der Fersenlauf

ist der geeignete Laufstil für längere Strecken. Der Fuß setzt mit dem Fersenaußenrand am Boden auf, knickt dann leicht nach innen, bis die ganze Sohle aufliegt und rollt schließlich über den Großzehenballen ab, während er sich gleichzeitig abdrückt.

Der Ballenlauf

wird vor allem von Sprintern, also auf kurzen Strecken, bevorzugt. Außerdem ist der Vorfußlauf natürlich, wenn wir barfuß laufen. Der Aufprall erfolgt im Bereich des Großzehenballens. Dann folgt eine kurzfristige Aufsetzbewegung des Mittelfußes bis zur Ferse, schließlich das Abstoßen über den Großzehenballen.

Wer längere Distanzen oder gar ein Marathonlauf auf dem Ballen laufen will, muss wissen: Das ist viel zu kraftraubend. Wer

10 Tipps
für einen besseren Laufstil

01 Laufen Sie bewusst langsam los. Nutzen Sie die ersten 5 bis 10 Minuten, um sich in ruhigem Tempo einzulaufen und den Körper an die Belastung zu gewöhnen.

02 Laufen Sie ein Tempo, bei dem Sie sich noch unterhalten können, ohne zu schnaufen.

03 Unterstützen Sie die Laufbewegung durch das Pendeln der Arme, locker seitlich am Körper vorbei. Ober- und Unterarm bilden ungefähr einen 90-Grad-Winkel.

04 Korrigieren Sie immer wieder bewusst die Armbewegungen. Verkrampfen Sie nicht.

05 Die Hände sollen leicht geöffnet sein, der Handrücken zeigt nach außen, der Daumen ist oben.

06 Nehmen Sie das Kinn und den Kopf hoch, die Augen schauen geradeaus.

07 Vermeiden Sie zu große, kraftraubende Schritte. Erhöhen Sie lieber die Schrittfrequenz.

08 Vorsicht beim Bergablaufen, vermeiden Sie zu lange Schritte. Je größer das Gefälle ist, umso größer der Staucheffekt – weil ein Mehrfaches des Körpergewichts abgefangen werden muss.

09 Achten Sie auf einen flüssigen Laufstil. Auf diese Weise sparen Sie Energie, weil sich der Körperschwerpunkt nur minimal auf und ab bewegt.

10 Noch mal: Loben Sie sich, wenn etwas gut gelaufen ist.

auf den Ballen »tänzelt«, hat auch öfters mit Achillessehnen und muskulären Verletzungen zu kämpfen. Inzwischen laufen tatsächlich immer mehr afrikanische Athleten im Ballenlaufstil ihre Weltklassezeiten auf der Marathonstrecke. Allerdings: Diese Läufer sind auch austrainierte Leichtgewichte.

Der Mittelfußlauf

wäre für Jogger und Hobbyläufer ein guter Kompromiss. Hier wird die ganze Sohlenfläche fast gleichzeitig auf den Boden gesetzt. Mit nicht zu steilem Winkel tippen Sie nur kurz außen über die Ferse und rollen dann ab. So, als liefen Sie barfuß.

Wie finde ich die richtige Schrittlänge?

Nein, es geht nicht um möglichst große, raumgreifende Schritte. Das ist bei vielen Läufern zu beobachten, ihr Laufschritt ist zu lang. Sie vergeuden unnötig Energie, weil der Fuß zu weit vor dem Körperschwerpunkt aufsetzt und jedes Mal den Schwung abbremst, der gerade durch die Vorwärtsbewegung entsteht.

Viel besser und ökonomischer sind kürzere Schritte. Die optimale Schrittlänge: Wenn der Fuß möglichst knapp vor der Körperachse, im Idealfall genau unter Ihrem Körperschwerpunkt aufsetzt. Das erfordert ein gutes Koordinationsgefühl. Die Schrittlänge hängt von individuellen Hebelverhältnissen ab.

Tipp: Die ökonomische Schrittlänge können Sie auf natürliche Weise trainieren. Gehen Sie ins Gelände. Laufen Sie gelegentlich mal im Wald oder querfeldein über Stock und Stein. Hier müssen die Schritte ganz automatisch kürzer werden.

Wie setze ich die Arme richtig ein?

Schlecht, wenn die Arme kaum oder nur wenig eingesetzt werden. Denn sie sollen eine Hilfe beim Laufen sein, nicht bloß ein Anhängsel. Mit effektiven Armbewegungen kann die Arbeit der Beine, also die Vorwärtsbewegung, erheblich unterstützt werden. Je ökonomischer die Bewegungen, umso geringer der Energieverbrauch – desto größer die Leistungsfähigkeit.

- Die Arme sollen leicht angewinkelt sein und parallel zum – nicht vor dem – Körper schwingen. Ober- und Unterarme bilden einen rechten Winkel.
- Die Hände sollen leicht geöffnet sein, die Handrücken zeigen nach außen, der Daumen ist oben. Keine Faust, das kostet nur unnötig Kraft.
- Die Schulter und der Nacken sind entspannt und nicht aktiv an der Bewegung beteiligt.

Tipp: Korrigieren Sie die Armbewegungen bewusst. So gewinnen Sie langsam ein Gefühl für den korrekten Ablauf. Verkrampfen Sie nicht.

Wie atme ich richtig?

Beim Atmen gibt es nur eine Empfehlung: Es gibt keine Empfehlung. Das heißt: Eine wichtige Regel gibt es doch. Sie ist ganz einfach einzuhalten: Immer kräftig ausatmen! Denn je kräftiger Sie ausatmen, umso intensiver können Sie wieder einatmen. Durch ganz bewusstes Ausatmen lässt sich die Lungenkapazität um rund ein Drittel erhöhen.

Unser Organismus regelt den Sauerstoffbedarf automatisch. Die Atmung passt sich dem Schrittrhythmus an, bei Anstrengung holt er sich schon die nötige Portion Luft – durch schnelleres Atmen. Wer zu flach atmet (Brustatmung), verhindert einen vollständigen Luftaustausch in der Lunge. Optimal versorgt wird der Organismus nur durch die Bauchatmung (Zwerchfellatmung). Das Zwerchfell ist eine Muskelplatte zwischen Bauchraum und Lunge und spielt bei der Atmung eine entscheidende Rolle.

> **Trockenübung**
>
> Wie Sie die Bauchatmung trainieren können: Legen Sie sich flach auf den Rücken, Buch auf dem Bauch. Nun versuchen Sie, das Buch beim Einatmen zu heben und beim Ausatmen zu senken. Versuchen Sie, diese Erfahrung beim Laufen umzusetzen.

Die **Laufausrüstung**

Laufen ist preiswert, aber ein paar
Anschaffungen müssen sein

Das ist ja das Schöne beim Laufen: Dieser Sport ist nicht aufwändig. Keine teuren Trainerstunden nötig (wie beim Skilaufen, Reiten, Tennis oder Golf); keine Kosten für Platzmiete oder teure Ausrüstung. Alles was man braucht, sind Laufschuhe und Socken, Shirts und Hose (»Tights«), eventuell Regenjacke, Handschuhe, Mütze oder Stirnband.

Laufen ist also für jeden erschwinglich – deshalb auf keinen Fall an den Schuhen sparen.

Laufschuhe – eine Investition für die Gesundheit

Die Anforderungen sind groß. Wer läuft, verlangt allerhand von seinen Füßen und Gelenken. Sobald wir einen Laufschuh anziehen, verändert sich das Abrollverhalten. Laufschuhe sind schließlich die direkte Verbindung zwischen Körper und Boden. Deshalb sind hochwertige Laufschuhe immer

> Wer läuft, verlangt allerhand von Füßen und Gelenken. Deshalb sind hochwertige Laufschuhe immer eine Investition in die Gesundheit.

eine Investition in die Gesundheit. Außerdem müssen sie zum persönlichen Laufstil passen. Denn jeder lebt auf anderem Fuß. Dabei können Größe und Gewicht, Geschlecht, Alter und Lauferfahrung eine Rolle spielen.

Laufschuhe sollen dämpfen

Laufschuhe müssen große Aufprallkräfte, die bei jedem Schritt entstehen, abfedern (dämpfen). Dies geschieht vor allem in der Zwischensohle und in einem zusätzlichen Dämpfungssystem unterhalb der Ferse.

Zu weiche Schuhe sind allerdings auch problematisch, sie dämpfen externe Reize zu stark ab, der gesamte Stützapparat bildet sich zurück und ist dann nicht mehr ausreichend belastbar.

Laufschuhe sollen stützen

Laufschuhe müssen den Fuß in dem Moment des Bodenkontakts unterstützen. Viele Läufer (rund 45 Prozent) neigen in dieser Phase zu einem starken Einknicken (Überpronation), rund 10 Prozent sind sogenannte Unterpronierer (Supinierer), während etwa 45 Prozent der Läufer normal pronieren.

Laufschuhe sollen führen

In der Abrollphase soll der Schuh den Fuß – während die Ferse vom Boden abgehoben ist – führen und ausreichende Flexibilität unter dem Vorfuß bieten. Nur dann können alle Gelenke in einen ökonomischen Bewegungsablauf einbezogen werden.

Das sind vielfältige Aufgaben. In den letzten Jahren wurden beachtliche Fortschritte gemacht. Für den Kieler Sportwissenschaftler Björn Gustafsson kein Wunder, denn »neben den Formel-1-Bolliden ist der Laufschuh das Sportgerät, in das die Hersteller in den letzten zwanzig Jahren die meisten Forschungsanstrengungen gesteckt haben«.

Woran erkenne ich Qualitätsschuhe?

Das Angebot ist inzwischen fast unüberschaubar geworden. Und zweimal pro Jahr kommt eine neue Palette von Laufschuhen dazu. Lassen Sie sich nicht vom Preis oder Styling des Schuhs leiten. Die teuersten oder leichtesten Schuhe oder Modelle, die Spitzenläufer tragen, sind nicht automatisch für Sie optimal. Gute Schuhe dürfen rund 100 bis 120 Euro kosten.

Wenn Sie sich nicht zwischen zwei Modellen entscheiden können, kaufen Sie beide. Wenn Sie Schuhpaare parallel benutzen, hält jedes Paar für sich länger.

Der Laufshop-Unternehmer Jörg Bunert aus Duisburg, selbst ein Spitzenläufer, erklärt, wodurch sich Qualitätsschuhe von Billigtretern aus dem Warenhaus unterscheiden: »Als Laie kann man äußerlich keinen Unterschied erkennen, weil man keinem Schuh die Dämpfungseigenschaften ansehen kann – denn die

7 Tipps
für den Laufschuh-Kauf

01 Wählen Sie ein Fachgeschäft. Ein guter Verkäufer bleibt nicht bei einer Marke hängen. Er berät, nachdem er Ihr Körpergewicht, eventuelle Beschwerden, Lauftempo, -häufigkeit und -umfang kennt.

02 Nehmen Sie Ihre alten Laufschuhe mit. Ein geschulter Verkäufer kann aus der abgelaufenen Sohle viel über Ihren Laufstil ablesen.

03 Laufschuhe am besten am späten Nachmittag oder frühen Abend kaufen. Weil dann die Füße leicht geschwollen sind, kaufen Sie nicht zu eng und klein.

04 Probieren Sie verschiedene Modelle. Bewegen Sie sich, behalten Sie die Schuhe einige Minuten am Fuß. Shops mit Laufband bzw. Laufanalyse-Gerät helfen, optimales Material zu finden.

05 Ziehen Sie beide Schuhe eines Paares an, da häufig Ihre Fußlänge rechts und links nicht identisch ist. Orientieren Sie sich immer an Ihrem größeren Fuß.

06 Achten Sie auf die Passform. Wählen Sie die Länge so, dass die Zehen eine Daumenbreite Platz haben. In einem zu schmalen Schuh wird der Fuß eingequetscht, in einem zu weitem Schuh »schwimmt« er. Die Fersenschale soll die Ferse fest umfassen, ohne dass auf die Achillessehne Druck ausgeübt wird.

07 Bei der Anprobe sollten Sie Sportsocken tragen, die Sie auch beim Laufen anziehen.

Elemente stecken im Schuh. Bei einem billigen Produkt sieht man sie ebenso wenig – da ist ja auch nix drin. Ein wesentliches Merkmal ist das verarbeitete EVA-Material. Gute Laufschuhe haben eine bessere Rückstellqualität, die winzigen Luftbläschen, die beim Laufen zusammengedrückt werden, richten sich bei Entlastung wieder auf. Billige Schuhe haben außerdem keine Stabilisatoren und sind weniger flexibel.« Wichtig sind auch Reflektoren.

Welche Lebensdauer haben Laufschuhe?

Das hängt zum Beispiel davon ab: Welches Modell laufe ich? Auf welchem Untergrund laufe ich? Welcher Läufertyp bin ich (Übergewicht)? Wie pflege ich meine Laufschuhe? Ein guter

---

5 nützliche Schuhpflege-Tipps

01 Waschen. Behandeln Sie Laufschuhe mit Schwamm oder weicher Bürste, milder Seife, kaltem Wasser.

02 Frische Luft. Trocknen Sie Laufschuhe nicht im Wäschetrockner. Zwischensohle und Einlagen können schrumpfen. Die nassen Schuhe mit Zeitungspapier ausstopfen.

03 Waschmaschine – besser nicht. Weil das Obermaterial und die Zwischensohle leiden. Der Kunststoff verliert bei Temperaturen über 30 Grad seine Flexibilität. Wenn schon Waschmaschine, dann allenfalls bis 30 Grad.

04 Reinigen Sie die Einlegesohlen immer separat.

05 Erst wieder mit gewaschenen Schuhen laufen, wenn sie richtig trocken sind. Sonst könnte das Obermaterial überstrapaziert werden.

Trainingsschuh sollte rund 1000 Kilometer halten. Aber schon nach 500 Kilometern kann bis zu einem Drittel der Dämpfung verloren sein. Die Haltbarkeit hängt vor allem vom Gewicht und Laufstil des Läufers ab und auf welchem Untergrund er läuft. Wenn die Sohle sichtlich schief abgelaufen oder die Zwischensohle schon arg zusammengepresst wirkt, sollten Sie dieses Paar ausrangieren. Alte, verbrauchte Schlappen könnten bloß unnötige Verletzungen provozieren. Schwachpunkt jedes Laufschuhs ist die Zwischensohle.

Wie sollte ich Laufschuhe pflegen?
Häufig werden sie nach Gebrauch schmutzig in die Ecke gepfeffert, nass in den Keller verbannt und manchmal braten sie sogar auf der hinteren Konsole im Auto. Oh, wie sie mitunter vernachlässigt werden – unsere Laufschuhe. Hitze und Nässe beschleunigen den Verschleiß, vor allem den der Zwischensohle, ohne dass das merklich auffällt. Erfahrene Läufer wissen: Wenn ich meine Schuhe pflege, pflegen meine Schuhe mich.

Funktionelle Bekleidung

Schlechtes Wetter? Zu kalt, zu heiß, zu windig, zu regnerisch? Solche Einwände gelten nicht – nicht mehr. Denn es gibt für Läufer kein schlechtes Wetter, nur schlecht gewählte Kleidung.

Der gute, alte Trainingsanzug hat fast völlig ausgedient. Zum Glück sind die Zeiten vorbei, als für Läufer fast nur diese peinlich gemusterten, bollerigen Joggingklamotten, die bei Regen schrecklich schwer wurden, zur Auswahl standen. Inzwischen entwickeln und optimieren die Sportartikel-Hersteller Hochfunktionelles für alle Fälle: Bekleidung, die bei Kälte hilft, die Körperwärme zu speichern, und bei Hitze den Schweiß rasch abtransportiert. Nein, kein Läufer, keine Läuferin muss also mehr frieren oder im eigenen Schweiß schmoren. Die Hightech-

Fasern aus Polyester oder Polyamid nehmen, anders als Baumwolle, so gut wie keine Feuchtigkeit mehr auf, sondern geben sie nach außen ab – sie kann durch mikroskopisch kleine Löcher entweichen.

Laufkleidung für Wind und Wetter

Für die Übergangszeit eignen sich Kombinationen wie Tights und leichte Windjacken. Immer lohnt die Anschaffung einer funktionellen, winterfesten Laufjacke (nicht ganz billig). Sie besteht aus drei Lagen: Innenfutter, Folienmembran, Außenhaut.

5 Tipps
für die richtige Laufbekleidung

01 Tragen Sie atmungsaktive, strapazierfähige, pflegeleichte Textilien.

02 Kaufen Sie sich Wohlfühl-Laufbekleidung. Besonders unter den Achseln und in der Leiste sollte nichts zu eng sein, damit es unterwegs nicht reibt oder drückt.

03 Bevorzugen Sie helle Kleidung. Tragen Sie bei Dunkelheit zur Sicherheit eine Leuchtweste.

04 Beherzigen Sie bei Kälte das »Zwiebel«-Prinzip. Tragen Sie auf der Haut Textilien aus schweißableitenden Kunstfasern, darüber eine weitere dünne Schicht Kunstfasern und eine atmungsaktive Jacke.

05 Ziehen Sie nasse Kleidung sofort nach dem Laufen aus. Sie können sich sonst leicht erkälten.

Die Eigenschaften: wind- und wasserdicht, zugleich atmungsaktiv. Soll heißen: Es gibt keinen Saunaeffekt mehr. Das, was Experten »Schweißfeuchte« nennen, wird ebenso durch Lüftungsschlitze abgeleitet wie überflüssige Körperwärme.

Auch die Bewegungsfreiheit leidet nicht. Wenn Sie bei Kälte zudem noch schnelltrocknende Coolmax- oder Drylete-Unterwäsche tragen, kann Ihnen weder Schnee noch Regen etwas anhaben.

Und denken Sie daran: Beim Laufen macht ja auch die Bewegung warm.

Fleece-Pullover

Ein Pullover aus dem Material Fleece hat vier dicke praktische Vorteile: Er bietet in den Übergangszeiten (Frühjahr und Herbst) eine extrem gute Wärmeisolierung, er behält immer seine Passform, er trägt sich sehr angenehm auf der Haut und er trocknet immer rasch. Selbst ein dicker Fleece-Pullover für den Winter ist extrem leicht.

Shirts

Nichts gegen das klassische T-Shirt. Aber wie gesagt: Baumwolle ist ein Nässespeicher. In einem T-Shirt wird bis zu zwanzigmal mehr Schweiß gespeichert als zum Beispiel in einem Laufhemd oder Netztrikot aus synthetischen Fasern (Coolmax, Drylete). Die großzügig ausgeschnittenen Dinger sind ideale Oberbekleidung im Hochsommer, da klebt nichts am Körper.

Sport-BHs

Für Training und Wettkampf lohnt ein Sport-BH aus atmungsaktiven Funktionsfasern (kostet 25 bis 50 Euro). Er sollte unter der Brust eng anliegen, aber beim Laufen nicht behindern. Er soll stützen und Schweiß absorbieren. Achten Sie dabei auf sauber gearbeitete Nähte. Damit nichts scheuert.

Ganz neue Maßstäbe hat die Microfaser (»atmungsaktiv«) gesetzt. Sie ist dreimal dünner und leichter als Seidenfäden, Tausende von mikrofeinen Luftkammern sorgen für Isolation. So wird der Körperschweiß direkt abgeleitet.

Die Übersicht: Wie Sie zu allen Jahreszeiten richtig bekleidet sind.

	Frühjahr	Sommer	Herbst	Winter
Oberteil 1	T-Shirt	Ärmelloses Top	Langarm-Shirt	Langarm-Shirt
Oberteil 2	Langarm-Shirt		Warmes Sweatshirt	Warmes Sweatshirt
Oberteil 3				Laufjacke
Hose	Enge Shorts oder Tights	Weite oder enge Shorts	Extrawarme Tights	Extrawarme Tights
Wetterschutz Oberkörper	Winddichte Weste			Wind- und regendichte Jacke
Wetterschutz Unterkörper	Wind- und regendichte Hose		Wind- und regendichte Hose	Wind- und regendichte Hose
Sonstiges	Stirnband oder Kappe	Stirnband oder Kappe, Sonnenbrille	Stirnband oder Mütze	Handschuhe und Mütze

Shorts & Tights

Auch die kurzen Laufhosen sollten aus Kunstfasern sein. Sie sind leichter, auch pflegeleichter als Shorts aus Baumwolle – außerdem kann da nichts wundscheuern. Praktisch, wenn ein

Innenslip (mit Täschchen für Schlüssel, Kleingeld oder Ähnliches) eingearbeitet ist.

Bei kühlerem Wetter bewähren sich bestens sogenannte Tights, also enganliegende Hosen (kurze oder lange) aus leichtem Kunststoff (meist eine Mischung aus Nylon und Lycra). Vorteil: Sie sind elastisch wie eine zweite Haut, sie halten prima warm, sie behindern nicht, sie ermöglichen eine optimale Bewegungsfreiheit. Und: Sie saugen sich nicht voll – wie die traditionellen Trainingshosen aus Baumwolle.

Stirnband, Kappe & Mütze

Denken Sie daran: Man kann rund 40 Prozent der Körperwärme über den Kopf und Hals verlieren. In der kalten Jahreszeit sollte also eine Mütze vor unnötigem Wärmeverlust schützen.

Manche haben mit Mützen einfach nichts am Hut. Empfehlenswerte Alternative: ein Stirnband. Kein attraktives, aber immerhin ein nützliches Utensil. Denn das Stirnband

⊙ verhindert, dass Schweiß in die Augen läuft,
⊙ wärmt an kalten Tagen die Stirn, schützt vor Zugluft,
⊙ kühlt an heißen Tagen, wenn Sie es vor dem Laufen anfeuchten.

Wenn Sie sich im Sommer länger als eine halbe Stunde der Sonne aussetzen, ist eine (helle) Kappe ratsam.

Sonnenbrille

Sie ist mehr als nur ein beliebtes modisches Accessoire – eine Sonnenbrille schützt nämlich Ihre Augen nicht nur vor grellem Licht, sondern unterwegs auch vor Insekten und Staub. Wenn Sie sich eine Sonnenbrille anschaffen, suchen Sie nach bruchfesten Gläsern, die UVA- und UVB-Strahlen ausfiltern. Achten Sie außerdem auf die Passform: Das Ding darf während des Laufens nicht rutschen oder drücken.

Handschuhe

Dünne Baumwollhandschuhe sind nicht nur zur Winterszeit zu empfehlen, sondern auch in den Übergangszeiten Spätherbst und

Vorfrühling. Handschuhe aus Baumwolle oder Wolle eignen sich übrigens besser als Lederhandschuhe, um die Körperwärme zurückzuhalten. Handschuhe machen sich besonders in den ersten Minuten eines Trainingslaufes auf angenehme Weise bemerkbar – man fröstelt weniger.

Socken

Billige Baumwollsocken sind out. Auch das alte Läuferprinzip: »Willst du keine Blasen haben, musst du zwei Paar Socken tragen«, hat sich durch die Entwicklung neuer Sportsocken-Generationen überlebt.

Einst waren Laufsocken aus 100 Prozent Baumwolle gängig. Das Material Baumwolle saugt die Feuchtigkeit auf. Dabei vergrößert sich der Querschnitt der Fasern, die Socken weiten sich, werfen Falten, verursachen Reibung, scheuern. Dadurch fangen sich dann Läufer Blasen ein. Der Nachteil: Der Schweiß ver-

---

5 Tipps: Wie Sie Laufsocken pflegen sollten

01 Lesen Sie die Waschanleitung, bevor Sie die Verpackung entsorgen.

02 Waschen Sie neue Socken, ehe Sie damit laufen.

03 Trocknen Sie Laufsocken an der frischen Luft (kurze Trockenzeit); bloß nicht im Wäschetrockner (zu heiß), sie verlieren sonst ihre Form und Elastizität.

04 Ziehen Sie keinesfalls neue Socken vor einem längeren Lauf (oder gar Marathon) an.

05 Schneiden Sie regelmäßig Ihre Zehennägel – die können sonst zu Sockenkillern werden.

Eigenschaften verschiedener Materialien

Wolle	Nimmt bis zu 40 Prozent des Eigengewichts an Feuchtigkeit auf, ohne sich feucht anzufühlen. Gibt Feuchtigkeit schnell ab. Hohe Wärmeisolation.
Baumwolle	Nimmt bis zu 11 Prozent des Eigengewichts an Feuchtigkeit auf. Geringe Wärmeisolation. Kühles Tragegefühl. Robust und pflegeleicht.
Seide	Isoliert die körpereigene Temperatur. Verringert die Gefahr von kalten Zehen.
Polyamid	Große Faseroberfläche, schneller Feuchtigkeitstransport. Kühlt, kurze Rücktrockenzeit. Geeignet für Allergiker.
Polyacryl	Geringe Feuchtigkeitsaufnahme. Schnelle Rücktrocknung. Weicher Griff, hoher Tragekomfort.
Polypropylen	Nimmt keine Feuchtigkeit auf. Sehr guter Feuchtigkeitstransport. Hohe Scheuerfestigkeit (Haltbarkeit). Geringe Reibung. Geringes Gewicht.

dunstet nur schwer. Folge bei kühler Witterung: kalte Füße.

Der Standard heute: Socken aus Kunstfasern (Tactel, Thermolite, Lycra, Coolmax, Gore-Tex) oder Baumwolle-Kunstfaser-Gemisch. Der Vorteil: Sie geben die Feuchtigkeit schneller nach außen, der Wärmeaustausch funktioniert besser – der Fuß bleibt nahezu trocken. Moderne Funktionssocken kosten zwischen 10 und 15 Euro.

Das Training

Richtig Laufen heißt auch,
die Geduld zu trainieren

Vorneweg ein bisschen Theorie. Das muss leider sein, um das Prinzip und den Ablauf von einem optimalen Training einmal deutlich zu machen. Fest steht nämlich nur das Ziel von jedem Training: Es soll die Leistungsfähigkeit steigern.

Aber welcher Weg führt wirklich zum gewünschten Ziel?

Training bedeutet Belastung. Klar, jede Belastung führt zunächst einmal zum Abbau der Energiereserven und damit zu einem Rückgang der Leistungsfähigkeit. Doch jeder Trainingsreiz provoziert immer auch eine biologische Anpassungsreaktion. Allerdings muss dazu der Trainingsreiz eine gewisse Stärke haben.

Nach einer gewissen Zeit führt eine Belastung zur Ermüdung. Am Ende der Belastung sollte eine Phase der Erholung erfolgen, die wiederum zur Wiederherstellung der Leistungsbereitschaft führt. Die Leistungsfähigkeit liegt jetzt etwas oberhalb des Ausgangsniveaus.

> **Training** [trénin, engl.]
> die zielorientierte, methodische und komplexe Einwirkung auf eine Verbesserung sportlicher Leistungsfähigkeit aufgrund erweiterter körperlicher und geistiger Fähigkeiten, die sich im Wettkampf erweisen sollen. Training zielt auf ein Leistungsoptimum ab, wobei die individuellen Kräfte erweitert, die Koordination und Belastungsfähigkeit erhöht, die technischen und taktischen Kenntnisse verbessert und die physische und psychischen Ermüdungsgefahr verringert werden ...
> Der Sport-Brockhaus, 1984

Sinnvolle Trainingsplanung besteht also nicht nur aus Belastung. Sie muss auch Phasen der Erholung (Regeneration) berücksichtigen.

Beides – Belastung und Erholung – ist wichtiger Bestandteil von erfolgreichem Training.

Das Prinzip der Superkompensation

Der eigentliche Trainingseffekt also, aus dem sich schließlich eine ansteigende Leistungskurve ergibt, entsteht, wenn nach vorausgegangenem Trainingsreiz die Folgen der Belastungen nicht nur ausgeglichen werden, sondern über das ursprüngliche Leistungsniveau hinaus verbessert (überkompensiert) werden. In der Fachsprache heißt das: Superkompensation. Ein im Vergleich zur vorherigen Beanspruchung höherer (überschwelliger) Trainingsreiz führt zur so genannten Adaption, bewirkt also Veränderungen im Körper. Er wird leistungsfähiger.

Das Modell der biologischen Adaption oder Superkompensation ist phänomenal: Der Körper antwortet auf einen Trainingsreiz (im Prinzip bedeutet das: Stress für den Körper) mit Erhöhung der Leistungsfähigkeit. Laufprofi Herbert Steffny erklärt diese komplizierte Situation gerne in einem einfachen Bild: »Es ist, als würde unser Körper nach einer ungewohnten Laufbelastung

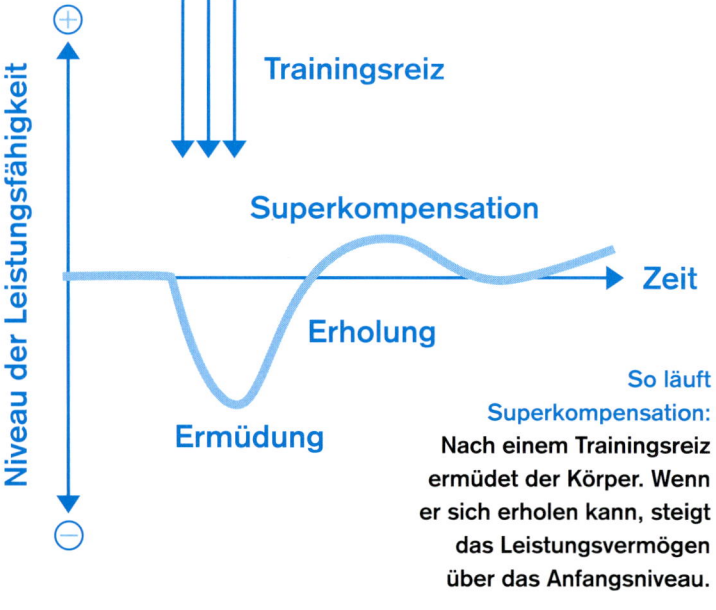

So läuft Superkompensation:
Nach einem Trainingsreiz ermüdet der Körper. Wenn er sich erholen kann, steigt das Leistungsvermögen über das Anfangsniveau.

sagen: Mensch, so was ist mir ja noch nie passiert – dass mir der Sprit ausging. Ich will mich aber bessern, allerdings ich brauche dafür ein wenig Zeit.«

Nach einer Phase der Erschöpfung beginnt gewissermaßen die Reparatur. Die strapazierten Systeme werden verbessert, aufgerüstet, aufgemotzt. Durch eine regelmäßige Ausdauerbelastung wie Laufen verbessert sich zum Beispiel die aerobe Energiebereitstellung, außerdem vergrößern sich die Glykogendepots (Zuckerspeicher), die Muskelfasern wachsen und vermehren sich.

Wenn der nächste Trainingsreiz jeweils in der Phase der Superkompensation gesetzt wird, ergibt sich ein kontinuierlicher Leistungsanstieg.

Warum Anlaufschwierigkeiten normal sind

Laufen ist leicht – das sagt sich so leicht. Aber aller Anfang ist schwer. Zunächst jedenfalls.

Aber auch das stimmt: Wenn es erst mal läuft, ist Laufen wirklich nicht mehr schwer.

Wenn Sie Laufanfänger sind oder längere Zeit mit dem Lauftraining ausgesetzt haben, sollten Sie sich zunächst auf eine Durststrecke einstellen, mehr oder weniger mühselige Trainingstage. Erst nach ein paar Wochen werden Sie erste Erfolge sehen.

Warum die ersten Monate so schwer fallen? Es ist doch ganz normal, wenn Sie sich anfangs marode fühlen. Die Gelenke und die Muskeln sind steif, Oberschenkel, Waden, Herz, Lungen und Kreislauf – der ganze Organismus ist einfach noch nicht an die neue Belastung gewöhnt. Vielleicht hat es 20 Jahre gebraucht, allmählich die Kondition zu verlieren.

> **Stellen Sie sich zunächst auf eine Durststrecke ein. Erst nach ein paar Wochen werden Sie die ersten Erfolge sehen.**

Da können Sie kaum erwarten, dass Sie in 20 Tagen Ihre Form wieder aufzubauen. Sie müssen einfach akzeptieren, dass es Zeit braucht, bis der Organismus sich anpassen kann.

Noch einmal, weil es sehr wichtig ist:

⊙ Beginnen Sie als Laufanfänger ganz gemächlich – mit einem leichten Programm aus flottem Gehen und langsamen Laufen.

⊙ Stellen Sie sich auf langsame Fortschritte ein. Erst nach zwei, drei Monaten fällt Laufen leichter, ja sogar leicht – und dann macht es auch richtig Spaß.

⊙ Legen Sie Ihre Lauftermine für die ganze Woche fest. Lassen Sie keine Ausreden zu. Machen Sie aus Ihrem Trainingslauf eine feste Gewohnheit – damit Sie sich nicht jedes Mal neu überwinden müssen.

Die ersten Schritte des Joschka Fischer

Mühsal, Zweifel, Frustationen – diese anfängliche, unvermeidliche Durststrecke hat auch einer wie Joschka Fischer mitgemacht und in seinem Buch *Mein langer Lauf zu mir selbst* sehr sinnlich beschrieben: »Die ersten Schritte waren qualvoll, denn natürlich schleppte ich noch viel zu viel Fett mit, und zudem war mein Körper alles andere als an das Laufen langer oder zumindest längerer Strecken gewöhnt. Ich ging die Sache langsam an, aber bereits nach hundert Metern begann der Atem zu pfeifen, und ächzend schleppte ich mich um den Bundestag herum« – insgesamt etwa 500 Meter schaffte er, mehr nicht. Und als sich dann ein kleiner Anstieg vor ihm auftürmte, war es vorbei mit seiner läuferischen Herrlichkeit. »Und so hörte ich auf zu joggen und schritt den kleinen Anstieg gemessenen Schritts hinauf. Oh, Fischer, sagte ich mir, es ist einfach nur furchtbar! Aber ich biss die Zähne zusammen, und am nächsten Tag ging es erneut auf die Piste.«

Gesundheits-Check

Lassen Sie, wenn Sie unnötige Risiken vermeiden wollen, vorher unbedingt bei einem sporterfahrenen Arzt einen Gesundheits-Check (Arztgespräch, Ruhe-EKG, Blutdruckmessung und Belastungstest) machen. Für über 35-jährige sollte eine ärztliche Untersuchung zum Service Ihrer Krankenkasse gehören.

Damals war noch kein fachkundiger Beistand an seiner Seite, wie später, als er sich von Laufprofi Herbert Steffny auf das große Abenteuer Marathon vorbereiten ließ. Anfangs trainierte Joschka Fischer wie die allermeisten Einsteiger – einfach aufs Geratewohl.

Er hatte allerdings ein erstaunliches Gespür dafür, was richtig und was falsch, was wichtig und was unwichtig ist. »Der Anfang war gemacht, und das war das Wichtigste überhaupt. Alles andere, wie Entfernung, Zeit, Haltung etc., war zu diesem Zeitpunkt völlig unwichtig, es kam allein auf die Tatsache des Anfangs und des Durchhaltens an. Jetzt bloß nicht schwach werden, bloß nicht frustrieren lassen und aufgeben. Geduld ist angesagt, Geduld und nochmals Geduld – und Durchhalten.«

»Bereits nach wenigen Tagen stellte ich dann erkennbare erste Fortschritte fest: Ich lief dieselbe Strecke zunehmend leichter, das Atmen während des Laufens verlor seine pfeifende und rasselnde Beschwerlichkeit, und schließlich wurde zum ersten Mal die Steigung am Bundestag joggend und nicht gemessen schreitend genommen. Vor allem stellte sich nach und nach eine andere mentale Haltung zum Tagesbeginn ein. Im Klartext: Ich fühlte mich bereits morgens nach dem Laufen und Duschen pudelwohl, ich war hellwach und sowohl geistig wie körperlich voll da, während meine Umgebung noch mühselig versuchte, die mentalen und physischen Aggregate anzuwerfen.«

> **Bereits nach wenigen Tagen stellte ich dann erkennbare erste Fortschritte fest: Ich lief dieselbe Strecke zunehmend leichter.**
>
> *Joschka Fischer*

Joschka Fischer wusste, dass es bei seinem Vorhaben, sich vom »Mops« zum Läufer zu wandeln, auf vier Tugenden ankam: Entschlossenheit, Durchhaltevermögen, Realismus und Geduld. Für sich formulierte er drei Grundsätze, die ihm in den folgenden Monaten von großem Nutzen sein sollten: 1. Belüge dich niemals selbst! 2. Meide immer deine Leistungsspitze! 3. Gib niemals auf!

Wie komme ich in Schwung?

Viele gutwillige Laufeinsteiger sind schon gescheitert, weil sie in viel zu kurzer Zeit viel zu viel erreichen wollten und/oder weil sie anfangs viel zu schnell gelaufen sind. Beginnen Sie immer gaaanz langsam. Auch, um die Muskulatur aufzuwärmen. Wer kalt durchstartet, riskiert bloß unnötige Verletzungen. Am besten beginnen Sie das Lauftraining mit ein paar Gehminuten – ehe Sie schließlich loslaufen.

Ohne eine große Portion Geduld läuft etwas falsch. Überstürzen Sie also nichts. Es wäre fatal, wenn Sie anfangs den Körper über Gebühr belasten und sich erschöpfen. Wissen Sie, was dann passiert? Sie verlieren ganz schnell die Lust.

---

3 goldene Regeln für Einsteiger

01 Geduld. Geben Sie Ihrem Körper die notwendige Zeit, um fit zu werden.

02 Geduld. Laufen Sie anfangs so langsam, wie Sie können – auch wenn Ihnen das komisch vorkommt.

03 Gemächlich. Wenn Sie außer Atem sind, unterbrechen Sie den Lauf, gehen Sie.

Übrigens: Wenn Ihre Muskulatur leicht schmerzt – wunderbar. Wenn Sie nämlich die Anstrengung spüren, wissen Sie: Jetzt setzt der Trainingseffekt ein. Betrachten Sie Ihre muskuläre Müdigkeit also als den besten Beweis, dass Sie auf einem guten Weg sind – zu mehr Fitness.

Vor allem: Geben Sie Ihrem Körper Zeit zur Erholung. Sie werden sich schon bald an die Belastung gewöhnen. Stück für Stück. Das ist eine gesunde Basis, dem Körper nach und nach eine etwas höhere Belastung zuzumuten.

10 Tipps
gegen Anlaufschwierigkeiten

01 Legen Sie sich motivierende Power-Musik auf. Machen Sie sich klar, warum Sie eigentlich laufen wollen.

02 Machen Sie sich klar: Bei den ersten Schritten kann mir keiner helfen. Machen Sie also den ersten Schritt: Gehen Sie raus.

03 Gehen Sie am Anfang Ihres Lauftrainings einfach nur 10 Minuten flott, ehe Sie mit dem gemächlichen Laufen beginnen. Gehen hilft, um überhaupt erst mal in Gang zu kommen.

04 Wählen Sie eine (flache) Strecke, auf der Sie ungestört sind. Da werden Sie kaum über Ihre Verhältnisse laufen.

05 Laufen Sie zunächst langsamer, als Sie sich vorgenommen haben.

06 Laufen Sie zunächst eine kürzere Strecke, als Sie sich vorgenommen haben.

07 Vermeiden Sie zu große Schritte. Kurze Schritte sind weniger anstrengend.

08 Verabreden Sie sich, wenn möglich, mit einem Gleichgesinnten. Gemeinsam geht es leichter.

09 Legen Sie Ihre Lauftermine für die ganze Woche fest.

10 Tauschen Sie mit anderen Lauf-Erfahrungen aus. So lernen Sie aus den Fehlern anderer – und Ihren eigenen.

Welche Distanz soll ich mir anfangs vornehmen?

Beginnen Sie bescheiden. Nein, Sie müssen anfangs keine halbe Stunde laufen. Es muss anfangs nicht mal ein viertelstündiger Dauerlauf sein. Lassen Sie sich niemals von anderen unter Druck setzen und setzen Sie sich selbst auch nicht unter Druck. Wichtig ist nur: Verlieren Sie Ihr Ziel nicht aus den Augen. Und das Ziel kann nur heißen: Schritt für Schritt zum Erfolg.

Für jede Trainingseinheit gilt prinzipiell:

⊙ Immer bevor Sie loslaufen, aufwärmen. Gehen Sie einfach fünf Minuten flott.

⊙ Immer am Ende des Trainings: Cool down. Laufen Sie die letzten drei Minuten langsam aus.

(30) min. laufen	**Der Trainingsplan:** Wie Sie als Laufeinsteiger in acht Wochen fit für 30 Minuten werden.
Woche	**Laufminuten** ohne zu schnaufen (ca. 75 % Maximalpuls)
01	2 ⊃ 2 ⊃ 2 ⊃ 2 ⊃ 2 ⊃ 2 ⊃ 2 ⊃ 2 ⊃ 2 ⊃⊃⊃
02	3 ⊃ 3 ⊃ 3 ⊃ 3 ⊃ 3 ⊃ 3 ⊃ 3 ⊃⊃⊃
03	5 ⊃ 4 ⊃ 5 ⊃ 4 ⊃ 5 ⊃ ⊃⊃
04	6 ⊃ 6 ⊃ 6 ⊃ 6 ⊃ ⊃
05	7 ⊃ 7 ⊃ 7 ⊃ 7
06	10 ⊃ ⊃ 10 ⊃ ⊃ 10
07	15 ⊃ ⊃ 15
08	**30 Laufminuten**

⊃ 1 Minute Gehpause

Sind Gehpausen erlaubt?

Selbstverständlich. Gehen Sie es ruhig an. Geben Sie sich Zeit. Für die erste Etappe zu Ihrer Läufer-Laufbahn sollten Sie acht Wochen einplanen. Dann werden Sie fit sein für eine gute halbe Stunde Laufen.

In der ersten Woche sind Sie eine halbe Stunde unterwegs. Aber Sie laufen jeweils nur zwei Minuten am Stück, dann eine Minute zügig gehen. Zwei Minuten laufen, eine Minute gehen – insgesamt neun mal. Rufen Sie sich noch einmal das prominente Beispiel des Joschka Fischer (damals mit

> **Gewöhnen Sie sich Schritt für Schritt an die Laufbelastung. Nach ein paar Wochen fällt das Laufen garantiert schon leichter.**

110 Kilo Gewicht) in Erinnerung. Auch er schaffte anfangs gerade mal 500 Meter am Stück. Und ein Jahr später bereitete er sich auf seinen ersten Marathon vor!

Was ist, wenn es nicht programmgemäß läuft?

Sie sollten sich auf jeder Stufe wohl fühlen, bevor Sie das Pensum erhöhen.

Wenn es auf einem bestimmten Niveau schwierig für Sie wird, verlängern Sie einfach Ihr Programm um eine Woche.

Gewöhnen Sie sich Schritt für Schritt an die Laufbelastung. Nach ein paar Wochen werden Sie vielleicht schon feststellen, dass Ihnen das Training immer leichter fällt. Aber lassen Sie sich nicht verleiten, jetzt schneller zu laufen. Das wäre ein Fehler. Es ist viel besser, jetzt etwas länger zu laufen.

Locker bleiben!

Denken Sie immer daran: Laufen soll kein Kampf sein, sondern eine Kür. Sie haben gewissermaßen Auslauf von Ihren Pflichten, Sie lassen die alltägliche Routine unterwegs zurück. Achten Sie also bewusst darauf, dass Sie nicht verkrampft sind. Keine Faust beim Laufen! Halten Sie die Hände leicht geöffnet, die Daumen liegen locker auf den Zeigefinger.

Wie oft sollte ich laufen?

Unsere Muskeln haben kein Gedächtnis. Schon nach drei, vier Tagen »vergessen« sie einen Trainingsreiz wieder. Wenn Sie spürbare Fortschritte erzielen wollen, ist regelmäßige Beanspruchung nötig:

⊙ Einmal pro Woche Laufen ist besser als nichts.
⊙ Zweimal pro Woche Laufen ist besser.
⊙ Drei- bis viermal pro Woche Laufen wäre optimal.

Öfters sollten Einsteiger in den ersten Monaten noch nicht laufen. Die Muskulatur muss in dieser Phase nach jeder Belastung jeweils einen Tag Zeit zur Regeneration bekommen.

Das Laufpensum pro Woche	
Anfänger	**Dreimal rund 30 Min.**
Regelmäßiger Jogger	**Drei- bis viermal, 30 bis 50 Min.**
Engagierte Freizeitsportler	**Vier- bis fünfmal, jeweils 60 Min.**
Leistungssportler	**Sechsmal, bis zu zwei Stunden**
Weltklasse-Athlet	**Mindestens 15 bis 20 Stunden**

Wann sollte ich laufen?

Im Laufe des Tages schwankt unsere Leistungsbereitschaft. Stichwort Biorhythmus. Logischerweise sollten Sie möglichst dann trainieren, wenn Ihr Körper gerade eine Hoch-Phase hat.

⊙ Morgens (8 bis 10 Uhr) erleben die meisten ihr erstes Hoch. Auch fürs Laufen eine gute Zeit. Allerdings: Bringen Sie Ihren Kreislauf nicht abrupt von Null auf 100.

- Mittags sackt die Leistungskurve deutlich ab. Klar, Sie können laufen, um auf diese Weise durch den Tiefpunkt des Tages zu kommen. Aber dafür ist doppelte Anstrengung nötig.
- Zwischen 16 und 19 Uhr ist die ideale Zeit mit dem besten Trainingseffekt. Ihr Körper bekommt zusätzlich Gelegenheit, die Stresshormone des Arbeitsalltags abzubauen.

Übrigens: Der Körper kann sich leichter auf die zusätzliche Beanspruchung einstellen, wenn Sie möglichst regelmäßig, also immer zur selben Tageszeit trainieren.

Welche Rolle spielt das Tempo?

Die meisten laufen zu schnell. Das gilt übrigens nicht nur für Einsteiger, denen das richtige Tempogefühl natürlich noch fehlt. Auch alte Hasen lassen sich immer wieder von falschem Ehrgeiz hinreißen und sind oftmals zu rasant unterwegs. Dadurch werden sie deutlich anfälliger für Überlastungsbeschwerden (Achillessehne, Hüfte) oder laufen Gefahr, in einen Zustand des Übertrainings zu geraten und sind anfälliger für Infektionen.

Grundregel für einen lockeren Lauf: Das Tempo ist richtig dosiert, wenn man sich noch problemlos unterhalten kann, ohne aus der Puste zu sein.

---

3 typische Tempofehler

....

01 Wenn Sie von Beginn an flott loslaufen, ist das – falsch. Die ersten Minuten immer ruhig einlaufen.

....

02 Wenn Sie nach dem Laufen abrupt stoppen ist das – falsch. Joggen Sie die letzten fünf Minuten ruhig aus.

....

03 Wenn Sie in einer Laufgruppe über Ihre Verhältnisse laufen, nur um nicht abzufallen, ist das – falsch. Lassen Sie sich zurückfallen, wenn Sie merken: Das Tempo passt nicht zu meinem Trainingszustand.

Race your Pace

Also noch einmal: Laufen Sie langsam! Es stimmt nämlich nicht, dass nur schnelles Lauftempo rasche Ausdauerfitness beschert. Es stimmt auch nicht, dass Sie nur mit flotter Gangart schnell Körperfett verbrennen. Das Gegenteil ist richtig: Langsames Laufen, längere Strecken und langfristige Planung – nur das bringt Erfolg.

Anfangs zählen nicht die Kilometer, nur die Minuten. Laufen Sie so langsam es geht – auch wenn Ihnen das komisch vorkommt. Hauptsache, Sie laufen. Laufen Sie locker und leicht, laufen Sie – so gut das geht – im Schongang. Das Tempo ist richtig, wenn Sie sich noch spielend unterhalten können.

Der Puls darf nicht rasen.

Wer zu schnell läuft, wer schnauft, hechelt, keucht, der kann sicher sein: Jetzt laufe ich zu schnell!

Wer aus dem letzten Loch pfeift, erzeugt im Körper eine Sauerstoffnot. Dazu noch mehr im Kapitel »Abnehmen«.

Der Puls zeigt den richtigen Weg. Die Herzfrequenz ist objektiv. 130 wird nicht zu Unrecht Gesundheitspuls genannt. Das ist ein Dauerlauftempo, bei dem Sie sich noch gut unterhalten können (»Laufen ohne zu schnaufen«). Aber diese Frequenz kann nur ein grober Richtwert sein. Jeder hat seinen individuellen, optimalen Bereich.

> ## Grüner Bereich
> Die wirksamste Trainingszone nennt man den aeroben Bereich. Das Wort Aerob kommt aus dem Griechischen (»mit Luft«) und bedeutet: Für die Verbrennung steht ausreichend Sauerstoff zur Verfügung.

Was heißt richtige Herzfrequenz?

Das Herzstück unseres Körpers ist die Pumpe, also das Herz. Das Herz ist der Schlüssel für Gesundheit und Fitness. Das Herz ist eine Art Barometer für den Zustand des ganzen Körpers. Es sammelt Informationen über die Gefühlslage (Bin ich aufgeregt? Freue oder ärgere ich mich gerade?) und die Physis (Wie intensiv strenge ich mich an? Wie stark beanspruche ich den Körper?). Diese Daten fließen in ein einziges Signal: den Pulsschlag. Der Pulsschlag ist die Druckwelle, die sich in den Blutgefäßen ausbreitet, nachdem sich das Herz zusammengezogen hat.

Der Puls ist für jeden Läufer sehr aussagekräftig. Er zeigt die Intensität der Belastung an. Überfordere ich mich? Unterfordere ich mich? Mache ich Trainingsfortschritte?

Drei Taktgeber sollten Sie kennen: Ihren Ruhepuls, Ihren Maximalpuls (maximale Herzfrequenz), und den Belastungspuls. Sie geben objektive und aufschlussreiche Informationen.

Wie finde und messe ich meinen Ruhepuls?

Sie können den Ruhepuls ganz leicht ertasten: Und zwar am Hals oder am Handgelenk, mit dem Zeige- oder Mittelfinger. Messen Sie Ihren Ruhepuls am besten morgens vor dem Aufstehen. Zählen Sie 15 Sekunden lang die Pulsschläge, multiplizieren Sie die Zahl mit vier – das ist Ihr Ruhepuls.

Warum ist ein niedriger Ruhepuls gesund?

Wenn der Wert um 70 liegt, ist das normal. Machen wir noch mal die Rechnung auf. Ihr Herz schlägt 70-mal pro Minute. Dann schlägt es 4 200-mal pro Stunde, über 100 000-mal am Tag. Also fast 40 Millionen Mal im Jahr – wenn Sie sportlich inaktiv sind. In 70 Lebensjahren muss das Herz mindestens drei Milliarden Pumpvorgänge leisten.

Durch regelmäßiges Lauftraining verringert sich der Ruhepuls um etwa 20 auf, sagen wir 50 Schläge pro Minute. Das bedeutet: Das Herz spart Tag für Tag rund 30 000 Schläge. Das sind zehn Millionen (!) weniger. Jedes Jahr.

Ein überzeugendes Argument, oder? Das Sportlerherz funktioniert tatsächlich wie ein starker Motor, großer Hubraum und viel Leistung. Und das Herz eines Untrainierten? Schwacher Motor, kleiner Hubraum. Es ist nun mal so: Ein schwacher Motor kann die Leistung nur mit erheblich erhöhter Drehzahl bringen. Folge: größerer Verschleiß – vermutlich kürzere Lebensdauer.

Was heißt Maximalpuls?

Je mehr wir uns anstrengen, umso mehr Sauerstoff brauchen die Muskeln, um die nötige Energie zu erzeugen. Also muss das Herz mehr Blut pumpen – es schlägt schneller. Der Puls steigt. Der Maximalpuls (maximale Herzfrequenz, abgekürzt HFmax) ist erreicht, wenn Sie sich bis zum Anschlag anstrengen und fühlen: Jetzt schlägt mir das Herz bis zum Hals. Diese Art der Belastung sollte nur kurzfristig sein.

Wie errechne ich meine maximale Herzfrequenz?

Die Faustformel zur Berechnung des Maximalpulses lautet: 220 minus Lebensalter.

Gesunde Sportler können ihren individuellen Maximalpuls noch genauer ermitteln, wenn sie am Ende einer vollen Belastung, zum Beispiel nach einen Berglauf oder einem harten 1000-Meter-Lauf ihren Puls messen.

Was heißt Belastungspuls?

Das ist der wichtigste Wert für Sie. Wenn Sie effektiv, also mit der richtigen Intensität trainieren wollen, müssen Sie Ihren idealen Trainingspuls kennen. Nur wenn Sie mit dem richtigen Belastungspuls laufen, stellt sich der erwünschte Trainingseffekt ein.

Der für Sie optimale Belastungspuls ist erreicht, wenn Sie spüren und ertasten können:

> **Durch ein regelmäßiges Lauftraining verringert sich der Ruhepuls. Das Herz spart Tag für Tag rund 30 000 Schläge.**

Ja, der Puls ist spürbar erhöht – aber er rast nicht. Trotz der Anstrengung beim Laufen können Sie sich weiterhin noch unterhalten.

Wie finde ich meinen genauen Belastungspuls?

Vergessen Sie die weitverbreitete Faustregel: 180 minus Lebensalter plus/minus 10 Schläge. Diese Richtzahl ist zu grob.

Im Normalfall können Sie sich nach folgender Faustregel richten:

Der optimale Belastungspuls

Für Männer: 220 minus Lebensalter – das ergibt den Maximalpuls.

Für Frauen: 226 minus Lebensalter – das ergibt den Maximalpuls.

Von dieser Marke sollten Sie

⊙ mindestens 65 Prozent erreichen, damit das Training einen Trainingseffekt hat,

⊙ höchstens 85 Prozent, damit Sie sich nicht überlasten.

Warum ist eine Pulsuhr empfehlenswert?

Diese Zeiten sind vorbei: Als man mitten unterm Laufen kurz stehen bleiben musste, Hand aufs Herz oder die Pulsadern am Handgelenk ertasten, für zehn oder fünfzehn Sekunden konzentriert die Pulsschläge zählen – und dann mit Sechs oder Vier multiplizieren. Dieser Minutenwert war immer ungenau, denn während man zählte, beruhigte sich der Puls ja schon.

Genauer und bequemer ist es, wenn Sie den Puls mit einem modernen Herzfrequenzcomputern am Handgelenk ermitteln. Für alle, die immer im optimalen, also fettverbrennenden Bereich trainieren wollen, ist die Anschaffung einer Pulsuhr (Preis: ab 50 Euro) besonders sinnvoll. Sie können stets auf dem Laufenden sein, ob Sie im idealen Trainingsbereich unterwegs sind – wenn nicht, piept's. Die Pulsuhr ist eine Art Drehzahlmesser für den Körper.

Wie funktionieren Pulsuhren?

Die Uhren sind sehr einfach zu bedienen. Sie befestigen einen Sendegurt in Höhe des Herzens und können Ihre Herzfrequenz dank elektronischer Übermittlung auf einer Art Armbanduhr ablesen. Was vor wenigen Jahren noch das Geheimnis ganz erfahrener Trainer war, ist heute also jedem Läufer zugänglich. Die drahtlosen Dinger messen die Herzfrequenz EKG-genau, jederzeit kann der individuelle körperliche Zustand kontrolliert und ausgewertet werden. Top-Modelle haben zusätzliche Funktionen wie programmierbare Timer, unterschiedliche Speicherintervalle, Stoppuhr-Funktion. Sie können mit einer speziellen Software die Daten direkt in den Computer einlesen, auswerten, grafisch darstellen, archivieren, vergleichen.

Der Puls als Taktgeber	
Langsamer Dauerlauf	Puls unter 70 Prozent vom Maximalpuls.
Ruhiger Dauerlauf	Puls etwa 75 Prozent vom Maximalpuls.
Lockerer Dauerlauf	Puls etwa 75 – 80 Prozent vom Maximalpuls.
Zügiger Dauerlauf	Puls etwa 80 – 85 Prozent vom Maximalpuls.
Tempodauerlauf	Puls etwa 85 – 95 Prozent vom Maximalpuls.

Wie verändert sich der Puls im Laufe der Zeit?

Sie werden erleben: Der Körper passt sich Belastungen an. Bestimmt wird Ihr morgendlicher Ruhepuls mit den Wochen und Monaten abnehmen – das ist ein Zeichen für ansteigende Form. Ein plötzlich erhöhter Wert kann Zeichen sein für zu wenig Schlaf oder zu viel Alkohol am Abend vorher, Hinweis auf zu harte Belastung, Übertraining oder eine Erkrankung, die im Anmarsch ist.

Wenn Sie in regelmäßigen Abständen Ihre Herzfrequenz bei ähnlicher Belastung und danach die Erholungswerte in Minutenabständen messen, lassen sich Ihre Trainingsfortschritte gut erkennen: Die Pulswerte werden sinken.

Sie können die Intensität des Trainings, also das Tempo, leicht erhöhen – und trotzdem weiterhin im Bereich Ihrer optimalen Herzfrequenz laufen.

Wie Seitenstiche entstehen

Es gibt mehrere Gründe für diese unangenehm schmerzenden Stiche unter dem Rippenbogen.

Bei unerfahrenen Läufern wird Seitenstechen meist durch zu hohes Anfangstempo provoziert. Vermutlich ist das Zwerchfell, der wichtigste Atemmuskel, dann noch überfordert, also nicht hinreichend durchblutet und schlecht mit Sauerstoff versorgt.

Manchmal können auch Blähungen oder voller Magen nach einer allzu üppigen Mahlzeit Schuld sein. Durch die Erschütterungen beim Laufen wird an den »Aufhängungen« der Verdauungsorgane, die am Zwerchfell befestigt sind, gezerrt.

Wie kann ich Seitenstechen vermeiden?

- ⊙ Verschieben Sie das Training nach reichhaltigen Mahlzeiten um zwei, drei Stunden.
- ⊙ Vermeiden Sie zu schnelles Anfangstempo.
- ⊙ Steigern Sie das Tempo vorsichtig.
- ⊙ Beherzigen Sie die Bauchatmung.
- ⊙ Kräftigen Sie Ihre Bauchmuskeln.

Was kann ich tun bei akutem Seitenstechen?

- ⊙ Laufen Sie deutlich langsamer oder machen Sie eine Pause, bis die Schmerzen abgeklungen sind.
- ⊙ Drücken Sie mit der Hand in die schmerzende Stelle im Bauch, lassen Sie synchron mit dem Ausatmen los.

10 ganz
typische Anfängerfehler

01 Falsch, wenn Sie sich unrealistisch hohe Ziele stecken.

02 Falsch, wenn der Trainingsaufbau nicht systematisch abläuft.

03 Falsch, wenn Sie anfangs mit zu hoher Intensität (also auch mit zu schnellem Tempo) trainieren.

04 Falsch, wenn Sie die Trainingsreize zu selten setzen (ideal: anfangs dreimal pro Woche). Sonst bleibt der Trainingseffekt aus.

05 Falsch, wenn Sie zu wenig Regeneration einplanen (das führt zu Übertraining).

06 Falsch, wenn Sie sich mit zu vielen Sportarten auf einmal verheddern.

07 Falsch, wenn Sie mit Trainingspartner laufen, die allzu sehr powern.

08 Falsches Essen: Belasten Sie zwei Stunden vor Ihrem Training den Magen nicht mehr mit schwerer Kost.

09 Falsche Flüssigkeitszufuhr: Trinken Sie also rechtzeitig reichlich, am besten Mineralwasser oder Apfelschorle. Reduzieren Sie die harntreibenden Getränke (Kaffee und Alkohol).

10 Falsch, wenn Sie wochenlang stur an Ihrem Standard-Trainingsplan kleben. Da bleibt leicht der Spaß auf der Strecke. Bleiben Sie flexibel.

Das Programm für längere Läufe

Wenn Sie rund drei Monate regelmäßig gelaufen sind, werden Sie die »Qualphase« hinter sich haben und feststellen: Mensch, das Training fällt mir immer leichter. Gratulation, Sie sind nicht mehr Einsteiger, Sie sind jetzt Läufer! Denn das Laufen an sich wird müheloser, wenn Sie regelmäßig trainieren.

Ja, jetzt beginnt Laufen langsam Spaß zu machen.

Ja, Laufen gibt Ihnen jetzt Selbstvertrauen und Energie.

Dreißig Minuten sind schon klasse. Aber wenn Sie gar eine Stunde oder länger laufen können, geraten Sie in die wirklich interessante Dimension großer Fettverbrennung. Es wäre ideal, wenn Sie jede Woche in Ihre Trainingsroutine einen langen, langsamen Lauf einbauen – das bringt's.

Sie haben langsam ein gutes Fitness-Level erreicht. Sicher wollen Sie Laufen nicht mehr missen.

Jetzt keinen Anfängerfehler machen. Vermutlich juckt es Sie manchmal, Sie möchten jetzt flotter laufen, schneller.

Laufen Sie lieber länger. Doch auch die Fähigkeit, längere Distanzen zu laufen, sollten Sie allmählich aufbauen. Immer noch ist Geduld gefragt. Lassen Sie sich Zeit. Nehmen Sie sich Zeit.

Wie erreiche ich ein höheres Niveau?

Monotonie stumpft ab. Das gilt auch für unseren Körper – und fürs Laufen. Eintönigkeit schadet nicht nur dem Spaß beim Laufen, sondern auch den gewünschten Trainingsfortschritten. Wenn Sie nämlich immer nur dieselbe Strecke mit demselben Tempo unterwegs sind, werden Sie einen geringeren Trainingseffekt erreichen, als wenn Sie das Training variabel gestalten.

Das Geheimnis des Erfolgs liegt also in der richtigen Mischung der Trainingsmittel.

Wie sollte ich mein Trainingspensum steigern?

Nur wenn Sie immer wieder mal neue Trainingsreize setzen, wenn Sie also eine bestimmte Reizschwelle überschreiten, kann und wird sich der Körper auf einem höheren Niveau anpassen – Ihr Leistungsvermögen wächst.

Wenn die Trainingsreize immer gleichmäßig und immer gleichartig und zu gering sind, stagnieren Sie in Ihrer Entwicklung. Das frustriert.

Allerdings: Zu starke Reize sind schädlich.

Nach erfolgter Trainingsanpassung verschiebt sich auch die Reizschwelle. Steigern Sie die Belastung ganz allmählich. Und zwar in dieser Reihenfolge:

- ⊙ Erst laufen Sie häufiger, statt dreimal wöchentlich, vielleicht vier- oder gar fünfmal.
- ⊙ Dann laufen Sie längere Strecken.
- ⊙ Zuletzt steigern Sie schließlich das Tempo.

Wie wichtig sind Trainingspausen?

Nehmen Sie sich weiterhin vor, dreimal wöchentlich zu laufen. Gönnen Sie Ihrem Körper zwischendurch immer einen Tag Erholungspause.

Nein, überfordern Sie sich nicht.

Wenn Sie wirklich Fortschritte machen wollen, sollten Sie zunächst ein solides Fundament für Leistungszuwachs bauen. Geben Sie Ihrem Körper jeweils die Chance und die nötige Ruhe, sich anzupassen, denn der Körper braucht diese Zeit zur Regeneration. Nur dann erzielen Sie die gewünschten Fitness-Fortschritte.

Wie erreiche ich eine Trainingssteigerung?

Das Prinzip ist einfach: Sie legen Schritt für Schritt zu, bauen langsam, Stück für Stück Ihre Ausdauer auf.

- ⊙ Sie laufen pro Woche mindestens dreimal. Planen Sie feste Tage ein. Machen Sie aus Ihrem Lauftraining eine Gewohnheit.
- ⊙ Einmal (am besten am Wochenende) steht ein längerer Lauf auf Ihrem Trainingsplan. Steigern Sie jede Woche ein bisschen mehr. Bis Sie schließlich eine Stunde am Stück schaffen.
- ⊙ Zusätzlich sollten Sie alternativ noch einmal pro Woche Rad

10 Tipps
für Laufen bei Hitze

01 Trinken Sie vor dem Laufen reichlich Apfelschorle (mit magnesiumreichem Mineralwasser).

02 Reduzieren Sie den harntreibenden Kaffee-Konsum.

03 Tragen Sie helle Laufkleidung z. B. aus Coolmax, luftige Trikots, kurze Hosen, eventuell eine Kappe als Sonnenschutz.

04 Tragen Sie dünne Synthetiksocken, die keine Falten werfen. Sonst drohen Blasen an den Füßen.

05 Reiben Sie mögliche Reibstellen (unter den Armen, zwischen den Schenkeln) mit Vaseline ein. Kristallisiertes Salz vom Schweiß wirkt auf der Haut wie Schmirgelpapier. Vorsichtshalber die Brustwarzen abkleben.

06 Suchen Sie sich eine schattige Trainingsstrecke aus.

07 Laufen Sie möglichst morgens oder abends – da sind die Temperaturen angenehmer.

08 Trainieren Sie nach dem Puls. Gleiches Lauftempo fordert bei Hitze den Organismus viel mehr.

09 Füllen Sie nach dem Laufen unbedingt Ihr Wasserdefizit wieder auf.

10 Meiden Sie zwei Stunden lang nach dem Training Alkohol.

60 min. laufen	Der Aufbauplan: Wie Sie in zehn Wochen 60 Minuten am Stück laufen.						
Woche	Mo	Di	Mi	Do	Fr	Sa	So
01		30min		30min		30min	
02		30min		30min		30min	
03	Trainings-Pause	30min	Trainings-Pause	30min	Trainings-Pause	30min	Trainings-Pause
04		30min		30min		30min	
05		30min		35min		38min	
06		30min		35min		40min	
07		30min		35min		45min	
08		30min		35min		50min	
09		30min		40min		55min	
10		30min		40min		60min	

fahren, schwimmen, Seil oder Trampolin springen, Inline-skaten (siehe »Die Trainings-Alternativen«, S. 141f).
- ⊙ Empfehlenswert: Einmal wöchentlich in die Sauna gehen.
- ⊙ Standard: Stretching – vernachlässigen Sie das nicht!

Suchen Sie Abwechslung

Die tägliche Laufroutine – immer wieder dieselbe Runde – kann auf die Dauer mürbe machen. Laufen Sie gegen die Langeweile an. Variieren Sie unbedingt Ihr Training:
- ⊙ Testen Sie neue Routen, suchen Sie neue Strecken.
- ⊙ Laufen Sie zu unterschiedlichen Tageszeiten.
- ⊙ Laufen Sie unterschiedlich lange Distanzen.
- ⊙ Lassen Sie sich zum Beispiel auch mal irgendwo absetzen und laufen Sie dann heim.

Wechseln Sie das Tempo

Wenn Sie immer im selben Tempo Ihre Runde abspulen, wird das sicher irgendwann langweilig. Es hält zwar fit, aber der gewünschte Trainingseffekt bzw. möglicher Leistungszuwachs wird dann nicht voll erreicht. Also ab und zu mal mit dem Tempo spielen, zum Beispiel zwischendurch mal ein paar hundert Meter deutlich schneller laufen. Oder mal eine kürze, dafür aber schnellere Laufeinheit einplanen.

Bleiben Sie flexibel

Stimmt, eine gewisse Trainingsdisziplin sollte schon sein. Aber machen Sie sich bloß nicht verrückt – machen Sie sich nicht selbst zum Sklaven eines total peniblen Trainingsplans. Sie müssen nämlich gar nichts. Sie wollen doch vor allem eines: Spaß haben.

Wenn es mal nicht gut läuft, gönnen Sie sich zwischendurch Gehpausen. Und warum nicht spontan mal das Pensum ändern?

Wenn es gar nicht geht, lassen Sie ruhig mal eine Trainingseinheit aus. Gehen Sie stattdessen spazieren oder fahren Sie eine Stunde mit dem Rad.

Suchen Sie sich Mitläufer

Manche möchten immer alleine laufen. Weil sie die meditative Seite des Laufens nur erleben, wenn keiner dazwischen quatscht. Für die meisten ist Gesellschaft beim Laufen hilfreich. Mitläufer unterstützen das eigene Tun – es macht einfach mehr Spaß.

Wie kann ich mein Training variabler gestalten?

Nach rund einem halben Jahr können Sie vermutlich schon eine Stunde am Stück laufen. Klasse. Die Grundlagen-Ausdauer ist da. Wenn Sie Ihr Pensum weiterhin kontinuierlich steigern wollen, nehmen Sie sich auch dafür ein paar Wochen Zeit. Ziel ist es wiederum, einen langen Lauf pro Woche zu absolvieren. Und bringen Sie Abwechselung in Ihr Trainingsprogramm.

Hier ein Beispiel, wie Sie das Training im 14-Tage-Rhythmus gestalten können. Sie wären danach ohne weiteres fit für den ersten Volkslauf.

(2) Wochen	Der Trainingsplan: Wie Sie Ihr Training variabel gestalten können.	
	Woche 01	Woche 02
Montag	Sauna	Sauna
Dienstag	Trainingspause	Trainingspause
Mittwoch	45 min. ruhiger Dauerlauf (7 km)	45 min. ruhiger Dauerlauf (7 km)
Donnerstag	60 min. Radfahren	Fitnessstudio
Freitag	Trainingspause	Trainingspause
Samstag	50 min. Hügel-Dauerlauf (9 km)	50 min. Dauerlauf, 5 km flott mit 85 % HFmax (9 km)
Sonntag	90 min. langsamer Dauerlauf (15 km)	90 min. langsamer Dauerlauf (15 km)

Koordinationstraining

Auch Technik-Training und Koordinationsarbeit bringen willkommene Abwechslung im Trainingsplan. Neuartige Bewegungen führen zu neuen neuro-muskulären Verschaltungen des Bewegungsspektrums, die Gewandtheit wird verbessert. Dadurch verbessern Sie Ihren Laufstil. Und besserer Laufstil ist ökonomischer, er hilft, Energie zu sparen. Noch wichtiger ist: Er schützt wirksam gegen Verletzungen.

> **K o o r d i n a t i o n**
> (lat.), das abgestimmte Zusammenwirken aller Einzelbewegungen zu einer reibungslos, ökonomisch, sinngemäß ablaufenden Gesamtbewegung; wird durch bestimmte Übungen gefördert.
> *Sport-Brockhaus*

Ein kleines Koordinationstraining könnte zwei- bis dreimal wöchentlich in eine Trainingseinheit eingebaut werden. Es reichen schon ein kurzer Sprunglauf, Skipping oder Anfersen, oder wenn Sie zwischendurch mal 15 bis 20 Meter wechselseitig betont die Oberschenkel anheben.

Koordinations-Übung Fußgelenkslauf

Praktisch ein Laufen auf der Stelle – Sie gewinnen kaum Raum. Bei der Hauptbewegung handelt es sich um ein Heben und Senken der Ferse, wobei die Kraft aus der Wade kommt. Für Anfänger ist diese Übung schwerer, als es im ersten Moment erscheint.

Die Wade streckt das Fußgelenk und schiebt das Knie nach vorne. In der Flugphase das Fußgelenk wieder anziehen, um sich nach kurzem Bodenkontakt wieder abzudrücken. Die Arme arbeiten wie beim Laufen mit. (Wenn es anfangs schwer fällt: Arme passiv hängen lassen, auf die Füße konzentrieren).

Koordinations-Übung Skippings

Bei den Skippings heben Sie die Oberschenkel leicht an (nicht bis 90 Grad). Den Ballen setzen Sie aktiv auf, strecken die Bein- und Hüftgelenke, die Knie werden also deutlich höher geführt. Die Arme arbeiten dabei betont mit. Die Fußgelenke sollten sich aber genau wie bei der Übung vorher schnell vom Boden lösen. Die Hüfte möglichst gestreckt zu halten.

Koordinations-Übung Anfersen

Beim Anfersen laufen Sie nur auf dem Ballen und führen abwechselnd die Ferse zum Po. Dabei hilft eine leichte Oberkörpervorlage, die Fußballen sollten den Boden berühren und die Hüfte möglichst gestreckt bleiben.

Koordinations-Übung Hopserlauf

Auch diese Übung ist anfangs ziemlich schwierig. Beidbeinig hochhüpfen. Beim Absprung strecken Sie das Absprungbein vollständig. Kräftig abdrücken. Ein Bein führen Sie als Schwungbein nach vorne und lassen es wieder zurück pendeln. Auf beiden Füßen landen. Die Arme werden aktiv mitgenommen und unterstützen die Bewegung. Beim nächsten Hüpfer das Bein wechseln. Der Absprung sollte nur aus dem Sprunggelenk erfolgen, die Hüfte ist möglichst gestreckt.

Barfuß laufen

kräftigt auf spielerische Weise die Füße. So kann die Unterschenkelregion Belastungen besser verkraften, sie ist weniger anfällig. Laufen Sie also ein paar Minuten lang barfuß. Am besten natürlich auf Gras oder Rasen. Laufen Sie betont langsam, denn Sehnen und Muskeln müssen sich an diese ungewohnte Belastung gewöhnen.

Koordinations-Übung Seitliches Übersetzen

Keine Bange, am Ende dieser Übung werden Sie keinen Knoten in den Beinen haben. Laufen Sie seitlich nach links, indem Sie das rechte Bein über das linke setzen. Ziehen Sie das linke Bein nach. Beim nächsten Schritt das rechte Bein hinter dem linken vorbeisetzen. Ziel ist es, die Beweglichkeit der Hüfte zu verbessern. Halten Sie den Oberkörper immer gerade, und drehen Sie möglichst nur die Hüfte.

10 Tipps
für Laufen bei Kälte

01 Ziehen Sie sich zum Training funktionell, aber nicht allzu warm an, denn beim Laufen werden Sie schnell warm.

02 Ziehen Sie unbedingt lange Socken an, die wärmen Achillessehnen und Waden.

03 Setzen Sie bei Kälte eine Mütze auf. Ziehen Sie Handschuhe an. Über unsere Extremitäten geht fast die Hälfte der Körperwärme flöten.

04 Denken Sie an Reflektoren an Ihrer Kleidung – damit man Sie bei früher Dämmerung nicht übersieht.

05 Wärmen Sie vor dem Laufen schon daheim die Muskulatur sorgfältig auf.

06 Gehen Sie an kalten Wintertagen möglichst zum Training in den Wald, da finden Sie besseren Windschutz.

07 Meiden Sie harte Sprints.

08 Stehen Sie nach dem Training bloß nicht lange herum, ziehen Sie sich rasch etwas Trockenes an (sonst erkälten Sie sich).

09 Vergessen Sie zu Hause die Stretching-Übungen nicht.

10 Warum trainieren Sie bei grimmiger Kälte alternativ nicht mal Skilanglauf oder Laufen auf dem Laufband?

Faszination Marathon

Faszination Marathon. Wer regelmäßiger Jogger ist, wer gesund ist, wer Ehrgeiz, Disziplin und Neugier für sportliches Neuland mitbringt, der kann – richtig vorbereitet – auch einen Marathon schaffen.

Marathon ist mehr als Muskelleistung. Marathon ist eine ganz besondere Erfahrung. Diese Erfahrung ist total. Beim Marathon stößt jeder an seine physischen Grenzen. Trotzdem ist Marathon vor allem ein psychisches Abenteuer. Eine Herausforderung an die eigene Bequemlichkeit. Ein quälender Kitzel, »in sich hinein zu laufen, um sich selbst kennen zu lernen«. »Wenn du laufen willst, lauf eine Meile. Wenn du ein neues Leben kennenlernen willst, dann lauf Marathon.« Es war die tschechische Lauf-Legende Emil Zatopek, Olympiasieger und vielfacher Weltrekordler, der die Faszination Marathon genau auf den Punkt gebracht hat.

Warum das Abenteuer Marathon reizt

Laufen als Lebenseinstellung. Das Leben als Marathon. Die Lust, eigene Leistungsgrenzen auszuloten. Im Pulk oder ganz alleine. Eine interessante Selbsterfahrung, die inzwischen Hunderttausende reizt. Für eine Medaille, für das erste Bier danach, für ehrliche Anerkennung. Noch in den 70er Jahren schien diese lange Laufdistanz (42,195 km) allenfalls eine Sache für Elite-Athleten und asketische Freaks zu sein. In den 80er Jahren wurde Marathon so eine Art esoterischer Mount Everest, reizvoller Lohn einer ungeheuren Anstrengung, die sich schließlich mehr und mehr zutrauten.

> Wenn du laufen willst, lauf eine Meile. Wenn du ein neues Leben kennenlernen willst, lauf Marathon.
>
> *Emil Zatopek*

Die Marathon-Bewegung findet weltweit ungeahnten Zulauf. Allein in den USA laufen inzwischen jedes Jahr über 400 000 Menschen einen Marathon, doppelt so viele wie vor zehn Jahren. Statistisch betrachtet besteht jeder der fast tausend Marathons, die jedes Jahr irgendwo auf der Welt stattfinden, aus einem Feld, in dem fast ein Drittel der Teilnehmer Debütanten sind.

Jeder dritte Marathoni ist inzwischen eine Frau. Auch bei uns steigt das Marathonfieber. Berlin lockt jedes Jahr über 30 000 Teilnehmer, in Hamburg, Köln und Frankfurt melden mittlerweile 20 000 Marathonläufer oder mehr. Wer heute sagt: Ich trainiere für einen Marathon, wird durchaus als Held des Alltags bewundert.

Die Lust und die Angst beim Marathon

Faszination Marathon. Auch wenn Sie nur ein typischer Mitläufer sind. Auch wenn Sie wissen: Nie im Leben kann ich gewinnen. Als Sieger kommen allenfalls zwei Dutzend in Frage. 99,9 Prozent der Marathonläufer laufen gegen keinen Gegner, nur gegen sich selbst.

Nein, nicht gegen sich, Sie laufen für sich. Sie laufen Marathon, auch, weil sich das spannend anhört. Auch, weil es nur wenige sind, die einen Marathon angehen. Sie laufen vor allem Marathon, um es einfach mal auszuprobieren und um wichtige Lektionen über sich selbst zu lernen:

- Wie weit es geht.
- Wo die Grenzen sind.
- Wie Grenzerfahrungen sind.
- Was sich im Körper und vor allem im Kopf abspielt, wenn es scheinbar nicht mehr weitergeht.
- Wie es ist, sich ganz klein und ganz groß zu fühlen.
- Die Angst vor der Strapaze.
- Der elende Kampf mit dem »inneren Schweinehund«.
- Die Triumphgefühle im Ziel.

Nein, Marathon ist wirklich nichts für Ungeduldige. Denn der Körper braucht Monate bis Jahre, um sich an diese große – mehr noch – an diese gewaltige Herausforderung anzupassen. Mindestens ein Jahr Lauferfahrung sollte man auf dem Buckel haben, ehe man mit einem Marathon liebäugelt.

Es ist langfristige Planung nötig, wenn Sie mit Würde über die

Der ① Marathon

Der Trainingsplan: Wie Sie in zehn Wochen für Ihren ersten Marathon fit werden. [Teil 1]

Woche	Mo	Di	Mi	Do	Fr	Sa	So
01 39 km		DL 60 min 6:45 9		Flotter DL 5 km 6:00 10			lgDL 20 km 6:45 20
02 48 km	Trainings-Pause	DL 40 min 6:45 6	Trainings-Pause	Flotter DL 7 km 6:00 10	Trainings-Pause	DL 70 min 6:45 10	lgDL 22 km 6:45 22
03 42 km	Trainings-Pause	3 x 1000m ‖ 4 min 5:40 10	Trainings-Pause	DL 70 min ▲ 6:45 10	Trainings-Pause	DL 40 min 6:45 6	10-km-Test unter 60:00 16
04 46 km		DL 40 min 6:45 6		DL 60 min ≈ 9		DL 40 min 6:45 6	lgDL 25 km 6:45 25
05 37 km		DL 40 min 6:45 6		DL 70 min ▲ 6:45 10		Jogging 30 min ▲ 6:45 4	10-km Test ca. 55:00 17

Legende

DL	Dauerlauf	▲	Steigerungen
lgDL	langer Dauerlauf	≈	locker wellig-bergig
MT	Marathontempo	‖	Pausen

Der ①. Marathon

Woche	Mo	Di	Mi	Do	Fr	Sa	So
06 54 km		DL 70 min 6:45 — 10		DL 70 min 6:45 — 10		DL 28 km 6:45 — 28	DL 40 min 6:45 — 6
07 51 km	Trainings-Pause	3 x 2000 m ‖ 6 min 11:50 — 12	Trainings-Pause	DL 60 min 6:45 — 9	Trainings-Pause	Jogging 30 min ▲ — 4	Halb-MT Test ca 2:10 — 26
08 55 km	Trainings-Pause	DL 40 min 6:45 — 6	Trainings-Pause	DL 90 min 6:45 — 13	Trainings-Pause	DL 40 min 6:45 — 6	lgDL 30 km 6:45 — 30
09 47 km		DL 40 min 6:45 — 6		3 x 3000 m ‖ 8 min 19:30 (MT) — 15		DL 40 min 6:45 — 6	lgDL 20 km 6:45 ▲ — 20
10 62 km		DL 60 min 6:45 — 9		DL 40 min ▲ 6:45 — 6		DL 20 min ▲ 6:45 — 3	Marathon Ziel 4:45h — 44

Die Tageskilometerangaben beinhalten an Tagen mit Intervalltraining (z. B. 3 x 1000 m) und Wettkämpfen (z. B. Halbmarathon-Test) zusätzlich das langsame Ein- und Auslaufen.

Zu den Zeitangaben: z. B. »DL, 60 min, 6:45« bedeutet 60 Minuten Dauerlauf mit einer Durchschnittszeit von 6 Minuten und 45 Sekunden pro Kilometer.

Runden kommen wollen und das Abenteuer von Erfolg gekrönt sein soll. Die Mehrzahl der Marathonläufer entscheidet sich für einen Wettkampf im Frühjahr oder/und im Herbst. Rund ein halbes Jahr im Voraus muss das Training der allgemeinen Grundlagenausdauer beginnen.

Die Marathon-Vorbereitung

dauert Monate und ist so speziell, dass sie eigentlich ein eigenes Buch erfordert. Wenn Sie interessiert sind: Gemeinsam mit Herbert Steffny habe ich »Perfektes Marathontraining« geschrieben.

In der ersten bis vierten Woche wird zunächst der Trainingsumfang gesteigert: auf 60 bis 70 Kilometer pro Woche. Neben dem erhöhten wöchentlichen Trainingsumfang ist wöchentlich ein langer Lauf das wichtigste Trainingselement. Am besten suchen Sie sich dafür eine flache, leicht zu vermessende Strecke, dann fällt die Kontrolle und gleichmäßige Einteilung des Trainingstempos leichter.

Das Tempo sollte gemäßigt sein, also in einer Herzfrequenz von 65 bis 70 Prozent des Maximalpulses. Wie sich die nächsten Trainingswochen aufbauen, können Sie in den Trainingsplänen (auf der Doppelseite vorher) nachschlagen.

Countdown zum Abenteuer Marathon

Marathon ist mehr als bloße Muskelleistung. Marathon ist vor allem ein psychisches Abenteuer. Es kommt auch auf eine gute Organisation vor dem Rennen an. Wichtig: Keine Hektik, nicht verrückt machen lassen, Energie sparen. Hier ein paar Tips, damit das Rennen nicht schon vor dem Start gefährdet wird.

Der Tag davor:

- Bleiben Sie lange im Bett. Genießen Sie die morgendliche Faulenzerei.
- Kein großes Frühstück. Erst später nützliche Kohlenhydrate zu sich nehmen.
- Viel trinken, vor allem Wasser, aber auf keinen Fall harten

Alkohol – allenfalls ein Bier vor dem Schlafengehen.

⊙ Locker bleiben! Ein bisschen Gymnastik zum Lockern, 30 Minuten gemächlich laufen – zur Entspannung.

⊙ Mittags in Ruhe essen. Aber auf keinen Fall zu fett. Ruhig ein wenig aufs Ohr legen.

⊙ Füße so oft wie möglich hoch legen oder einfach nur still dasitzen. Auf das Rennen einstimmen. Bitte keinen Einkaufsbummel mehr.

⊙ Nicht von anderen Teilnehmern verrückt machen lassen. Entspannen, ruhig meditieren, ein wenig autogenes Training.

⊙ Abends kein Programm mehr. Nur ein kohlenhydratreiches Nudelgericht essen, keine fette Sauce dazu.

⊙ Früh zu Bett gehen und sich ausruhen. Keine Panik, wenn es mit dem Einschlafen nicht gleich klappt. Wichtiger ist, in den Tagen zuvor entspannt zu schlafen. Auf keinen Fall Schlafmittel nehmen. Unbedingt den Wecker so einstellen, dass morgens noch ausreichend Spielraum bleibt.

⊙ Vorher schon die Sachen fürs Rennen zurechtlegen, um am nächsten Morgen unnötigen Stress zu vermeiden. Unbedingt auf die Wetterbedingungen (Wind, Kälte, Hitze) einstellen.

⊙ Laufen Sie im Geiste schon mal die Strecke ab. Visualisieren Sie jede Minute des Rennens. Freuen Sie sich darauf. Schließlich haben Sie so lange dafür trainiert.

Am Tag des Rennens:

⊙ Nicht nüchtern an den Start gehen. Drei Stunden vorher ein leichtes Frühstück, vor dem Start eine Banane essen. Viel Wasser trinken.

⊙ Rechtzeitig vor dem Start noch mal aufs Klo.

⊙ Empfindliche Hautpartien (Innenseite der Oberschenkel, Po, Brustwarzen) eincremen.

⊙ Vor dem Start warm halten. Die Muskulatur mit Stretching vorwärmen.

⊙ Nicht besorgt sein, wenn Sie besorgt sind. Aufregung vor dem Start ist ganz normal.

Während des Rennens:

⊙ Nach dem Startschuss nicht gleich euphorisch los spurten. Erst mal langsam ins Rennen rein schnuppern, den Rhythmus suchen, das eigene Tempo finden.

⊙ Rechtzeitig trinken, also gleich bei der ersten Wasserstelle.

⊙ Unterwegs Ablenkung suchen, das Ereignis genießen.

⊙ Blasen? Auf jeden Fall die nächste medizinische Versorgungsstelle anlaufen und die Blasen behandeln lassen.

⊙ Wenn ein Krampf kommt, langsamer laufen und dann stoppen. Empfehlenswerte Selbstmassage: Stretchen und den Muskel entspannen. Wenn das nicht hilft, bei der nächsten Gelegenheit von Profis behandeln lassen.

⊙ Bei Schwäche nicht gleich stehenbleiben – der Körper regeneriert unterwegs. Allerdings: Bei ernsthaften Komplikationen (etwa Herzrhythmusstörungen) sofort abbrechen.

⊙ Nicht unter Wettkampfstress setzen. Keinen albernen Zeitvorgaben hinterher rennen.

⊙ Auf einen Zielspurt verzichten. Die paar Sekunden bringen es nicht mehr – höchstens eine ärgerliche Muskelverletzung.

Nach dem Rennen:

⊙ Im Zielbereich langsam auslaufen (ein paar Minuten lang). Den Körper nicht auskühlen lassen.

⊙ Vorsichtig die Muskulatur stretchen.

⊙ Nach dem Zieleinlauf viel trinken. Aber keine eiskalten und auch keine heißen Getränke in sich hineinschütten, denn der Magen ist leer und dadurch empfindlich. Manche schwören auf ein Bier im Ziel: Es sollte nicht zu kalt sein.

⊙ Zwei Stunden nach dem Rennen ein leichtes Essen einnehmen (Kohlenhydrate, Obst) und viel trinken. Langsam essen.

⊙ Nach dem Rennen ein heißes Bad nehmen oder eine Massage – das wirkt Wunder gegen einen möglichen Muskelkater, der kolossal sein kann.

⊙ Man erholt sich schneller, wenn man die nächsten Tage aufs Training verzichtet – nur Spaziergänge macht oder ausruht.

Die 10 reizvollsten Marathonläufe der Welt

Walt Disney World Marathon (Anfang Januar): Orlando/Florida gewinnt durch das Flair von Micky & Co. auch für Läufer-Papis.

Boston Marathon (Mitte April): der älteste Marathon mit dem fachkundigsten Publikum, Zeitlimit, nur für die Elite.

Hamburg (Mitte April): Frühlingsgefühle zwischen Reeperbahn und Binnenalster, begeisterte Stimmung, schnelle Strecke.

Paris Marathon (Ende April): weil Paris eine der schönsten Städte der Welt ist ...

London Marathon (Ende April): laufend Geschichtsunterricht – Tower & Co. Rund 30 000 Teilnehmer.

Big Sur Marathon (letzter Sonntag im April): Der Highway 1 wird für ein paar Stunden zum attraktivsten Laufsteg der Welt.

Wien Marathon (letzter Sonntag im Mai): attraktiver Stadtkurs (Start: Schloss Schönbrunn) mitten durch das Herz der Hauptstadt.

Berlin (Ende September): schnelle Strecke, perfekte Organisation, die größte Sause in Deutschland.

New York Marathon (Anfang November): das Laufspektakel – ein Muss für Marathontouristen. Pauschalangebote ab 1000 Euro.

Honolulu Marathon (Dezember): Aloha. Vorweihnachts-Herausforderung, schwül, schwer. 35 000 Mitläufer, meist Japaner.

Die **Regeneration**

Warum es besser läuft, wenn ich mir Zeit für Entspannung nehme

Puh, wie das schmerzt. Wenn selbst das Gehen schwer fällt. Wenn die Muskulatur hart ist und sich die Beine steif anfühlen. Jeder Läufer kann von diesem elenden Zustand ein Klagelied singen – Muskelkater.

Viele haben über Muskelkater immer noch eine völlig veraltete, falsche Ansicht. Nein, so ein richtiger Muskelkater am Tag nach einer intensiven oder ungewohnten Belastung ist nun wirklich kein Beleg für gutes, hartes, geschweige denn für richtiges Training.

Lange Zeit waren sich die Wissenschafler sicher, dass ein Muskelkater die Folge von einer Übersäuerung in der Muskulatur sei, und dass für die Muskelschmerzen die Anhäufung saurer Stoffwechselprodukte (Laktat) verantwortlich ist. Tatsächlich ist der Muskelkater aber auf eine Gewebeschädigung im Bereich der Muskelfasern zurückzuführen.

Durch Überanspruchung übersäuert die Muskulatur, die Milchsäure und Schlacken setzen sich ab, stören die Durchblutung und üben einen Reiz auf das Gewebe aus. Übrigens sind die Muskelschmerzen immer auch ein (erfreuliches) Signal: Jetzt ist die Reparatur voll im Gange.

Niemand muss einen Muskelkater unbedingt tragisch nehmen. Aber durch vernünftig dosiertes Training lässt er sich durchaus vermeiden. Planen Sie also nach dem Lauftraining immer eine Phase der Regeneration ein. Besonders, wenn der Körper noch nicht an größere Belastungen gewöhnt ist.

Aktiv erholen

Jedes Training ist und wirkt nur so gut, wie es vor- und nachbereitet wird. Solides Aufwärmen (Warm up) und Abwärmen (Cool down) sollten also selbstverständlicher Bestandteil von jedem Training sein – auch wenn es mitunter langweilig und lästig ist und schwer fällt. Sie werden besser regenerieren.

Muskelkater – was genau ist das eigentlich?

Von ungewohnter Belastung einmal abgesehen, tritt Muskelkater vornehmlich bei einer ganz bestimmten Bewegung auf: Der Abbremsbewegung. Wenn Sie zum Beispiel hundertmal auf einen Stuhl steigen, werden Sie sicher müde davon, fühlen sich irgendwann nicht mehr belastbar, aber Sie kriegen keinen Muskelkater. Wenn Sie aber hundertmal von einem Stuhl hinunter steigen, werden Sie am nächsten Tag vor Schmerzen nicht mehr können. Denn bei der Abfangbewegung leistet die Muskulatur eine »negative« Arbeit. Sie muss hinhaltend nachgeben. Und genau das verursacht den Muskelkater.

Besonders Bergwanderer und Bergläufer kennen das. Laufen Sie eine längere Strecke bergauf, sind Sie danach wahrscheinlich fix und fertig, bekommen aber keinen Muskelkater. Wenn Sie dieselbe Strecke bergab laufen, ist der Muskelkater da.

Was tun bei Muskelkater?

Die erstarrte Muskulatur sollte vorsichtig gelockert werden. Wenn keine Muskelstarre aufgetreten ist, sollten Sie leicht laufen. Mit zunehmender Muskelerwärmung wird der Bewegungsablauf oftmals auch wieder besser.

Die Trainingsdauer ist individuell: In der Regel sollten Sie so lange laufen, bis sich eine erneute Ermüdung der Muskulatur ankündigt. Auf keinen Fall sollten Sie die sportliche Belastung wiederholen, die den Muskelkater verursacht hat.

> Bei schwerem Muskelkater empfehle ich ein Ermüdungsbad: Eine Viertelstunde lang bei 37 bis 39 Grad. Geben Sie eine Hand voll Kochsalz ins Badewasser.
>
> *Dr. H.-W. Müller-Wohlfahrt*

Bei schwerem Muskelkater empfiehlt sich Aqua-Jogging, Fahrradfahren und eventuell Lymphdrainagen beim Physiotherapeuten. Zur Dämpfung der Beschwerden können auch zwei Brausetabletten Aspririn plus C genommen werden. Außerdem z. B. Traumanase forte oder Wobenzym (jeweils 3x2 Dragees täglich).

Warum Aufwärmen und Cool down nötig sind

Wie gehen Sie gewöhnlich mit Ihrem Auto um? Mal ehrlich, setzen Sie sich da rein – und geben dann gleich Vollgas? Vermutlich nicht, denn jeder weiß ganz genau, wie sehr ein Kaltstart den Motor strapazieren und nur unnötig verschleißen würde. So ähnlich funktioniert auch unser Körper. Unser »Motor« sollte vorgewärmt werden. Erst nach ein paar Aufwärmrunden dürfen wir ihm Höchstleistungen zumuten.

Es ist erwiesen: Jedes Training ist und wirkt nur so gut, wie es vor- und nachbereitet wird. Solides Aufwärmen (Warm up) und Abwärmen (Cool down) sollten also selbstverständlicher Bestandteil von jedem Training sein – auch wenn es mitunter langweilig und lästig ist und schwer fällt. Wenn Warm up und Cool down schließlich zur Routine geworden sind, werden Sie den Effekt garantiert auch an Ihrem Körper spüren – auf wohltuende Weise.

Der Aufwand ist nicht groß. Aber diese paar Minuten sind eine gute Investition. Weil Sie durch Warm up die Verletzungsgefahr deutlich verringern und durch Cool down die Regeneration wirksam verbessern.

---

3 Gründe, warum das Warm up wichtig ist:

01 Vorwarnung: Der Körper wird auf die bevorstehende Belastung eingestimmt.

02 Vorwärmen: Die Muskulatur des Körpers wird langsam und sanft auf Betriebstemperatur gebracht.

03 Zusammenspiel: Das harmonische Zusammenwirken von Gelenk- und Muskelfunktion wird gefördert.

Warm up – sanftes Aufwärmen

Wirklich gerne machte es kaum einer, trotzdem sollte jeder Läufer Dehn- und Lockerungs-Übungen zu seinem Pflichtprogramm machen. Am besten wäre Stretching. Sie könnten auch Seil springen (Rope Skipping), langsam laufen, ruhig traben oder vorsichtig Bewegung in den Kreislauf bringen, zum Beispiel durch Rumpf-, Arm-, Bein-, Fuß- und Handkreisen. Ideal, wenn Sie jene Muskulatur, die besonders beansprucht wird, dehnen und vorwärmen.

Die Muskeln dürfen aber nicht zu oft und zu lange gedehnt werden, da sonst die Muskelgrundspannung, die man für eine bessere Leistung braucht, verloren geht.

Cool down – der perfekte Abschluss

Wenn Sie das Training langsam ausklingen lassen, läuft die Erholung effektiver ab. Das, was man Entmüdung nennen könnte, ist aus biochemischen Gründen sinnvoll: Nach einer Höchstleistung sollen nämlich jene Schlackenstoffe (z. B. Laktat), die als Zwischenprodukte beim Stoffwechsel anfallen, schneller abtransportiert, ausgeschwemmt, ausgeschieden werden. Durch die Aktivierung des Stoffwechsels sollen auch die Energiespeicher schnellmöglichst wieder aufgefüllt und die Zellerneuerung angeregt werden. Kurzum: Das alles verhilft dem Körper zu einer rascheren Erholung.

Warum Stretching so wichtig ist

Tiere wissen von Natur aus, was gut tut. Bevor sie in Aktion kommen, recken und strecken (»Katzenbuckel«) und dehnen sie sich – sie bringen die Muskulatur, die sie gleich gebrauchen werden, in eine natürliche Spannung. Wir können davon lernen.

Dehnen ist unter dem flotten Begriff Stretching populär geworden. Richtiges Stretching verbessert die Beweglichkeit zwischen Muskelfasern und Bindegewebe. Das macht Energie im Körper frei und beugt zudem Verletzungen vor. Stretching hilft, den Übergang von körperlicher Ruhe zu energischer Bewegung

7 Tipps für aktive und passive Regeneration

01 Am Ende von jedem Training sollten Sie langsam austrudeln, also keinesfalls noch mal den Puls hochjagen (bitte keinen Schlusssprint beim Jogging) und dann einfach aufhören. Laufen Sie die letzten paar Minuten bewusst langsam.

02 Stretchen Sie vor allem die Muskeln, die Sie im Training besonders beansprucht haben. Stretching löst Muskelverhärtungen, sorgt für eine bessere Durchblutung und beschleunigt die Erholung, wenn die Muskeln ermüdet sind. Sie können sich mit Stretching als Cool down also auch einen Muskelkater ersparen. Außerdem werden Sie sich hinterher bestimmt weniger steif fühlen.

03 Duschen Sie ausgiebig, lassen Sie die Temperatur des Wassers langsam ansteigen.

04 Nehmen Sie daheim in der Badewanne ein Wohlfühl-Bad. Die Wirkung verbessert sich, wenn Sie ins warme Wasser eine Hand voll Kochsalz oder Rheuma-Badezusätze (z. B. Leukona, Perionin) geben.

05 Schwitzen Sie danach kurz an, wickeln Sie sich in ein großes Badetuch oder den Bademantel.

06 Gehen Sie in die Sauna: Zwei kurze Gänge (6 bis 8 Minuten) bei reduzierter Temperatur (60 Grad).

07 Ruhen Sie sich aus, nehmen Sie sich Zeit – wenn es geht, mindestens noch eine halbe Stunde!

ohne große Belastung zu schaffen und hinterher die Spannung wieder abzubauen. Stretching ist leicht zu lernen.

Richtiges Stretching

Nein, Stretching hat nichts mit der alten Hauruck-Gymnastik zu tun – Stretching soll sanft sein. Es kommt vor allem auf ein entspanntes, kontinuierliches Dehnen an. Halten Sie Ihren Rücken gerade. Schenken Sie alle Aufmerksamkeit dem Muskel, den Sie gerade dehnen. Hören Sie auf Ihren Körper. Dehnen Sie nur so weit, bis Sie ein deutliche Ziehen spüren, aber noch kein Schmerz einsetzt.

Bitte nicht wippen, das würde nur zu einer unerwünschtgen Gegenspannung der Muskulatur führen. Auch nicht nachfedern. Die Atmung spielt eine wichtige Rolle. Atmen Sie langsam, gleichmäßig, kontrolliert. Wenn Sie sich vorbeugen, um sich zu dehnen, atmen Sie während der Vorwärtsbewegung aus.

Während der Stretchpause langsam weiteratmen. Es wäre falsch, jetzt die Luft anzuhalten.

Die wirksamsten Stretching-Übungen

1 Die Schulter-Übung

Verschränken Sie die Hände hinter dem Körper. Die Arme werden jetzt gestreckt maximal nach hinten oben geführt und in dieser Position gehalten. Bitte nicht nachfedern – das gilt übrigens für alle Stretching-Übungen, wenn Sie die korrekt ausführen wollen.
Diese Übung jeweils 20 Sekunden, zweimal.

2 Die Trizeps-Übung

Fassen Sie den rechten angewinkelten Ellbogen hinter dem Kopf mit der linken Hand, ziehen Sie nach links – und halten Sie die Position. Danach das Gleiche mit der anderen Seite.
Mit jedem Arm zweimal 15 Sekunden.

3 Die Waden-Übung

Weite Schrittstellung einnehmen, beugen Sie das vordere Knie, das hintere möglichst weit nach hinten ausstellen. Jetzt das Becken und den Rumpf nach vorne verlagern. Dabei soll das vordere Knie nicht über die Fußspitze hinausragen.
Jeweils 20 Sekunden, zweimal.

4 Die Hamstring-Übung

Setzen Sie das linke Bein vorne gestreckt auf. Mit dem Oberkörper etwas nach vorne bewegen und dabei versuchen, ein Hohlkreuz zu machen. Die Fußspitzen hochziehen – und halten. Dabei keinen Buckel machen. Das andere Knie beugen.
Jeweils 20 Sekunden, zweimal.

5 Die Adduktoren-Übung

Spreizen Sie die Beine weit. Verlagern Sie den Körperschwerpunkt nach einer Seite, das andere Bein dabei gestreckt lassen. Das gebeugte Knie bleibt über der Fußachse. Richten Sie den Blick nach vorne.
Jeweils 20 Sekunden, zweimal.

6 Die Rumpf-Seitbeugen-Übung

Die Beine sind gespreizt. Der Rumpf bewegt sich zur einen Seite. Der lang ausgestreckte Arm zieht quasi den Oberkörper. Der andere Arm stützt sich locker auf der Hüfte ab. Wichtig: Die Knie bleiben gestreckt. Der Kopf soll in Verlängerung der Wirbelsäule bleiben.
Jede Seite zweimal 15 Sekunden.

7 Die Po-Übung

Legen Sie den linken Knöchel aufs rechte Knie. Das rechte Bein beugen. Mit der Brust so weit wie möglich zum linken Unterschenkel bewegen und diese Position halten. Um leichter die Balance zu halten, können Sie sich abstützen.
Jede Seite zweimal 15 Sekunden.

8 Die Quadrizeps-Übung

Stellen Sie sich auf ein Bein. Nun das gebeugte Bein am Fuß fassen und mit dem Arm die Ferse zum Po ziehen. In der Endstellung das Gesäß zusammenziehen. Das Standbein ist leicht gebeugt. Die Knie bleiben parallel.
Mit jedem Bein zweimal 20 Sekunden.

9 Die Hüft-Beuger-Übung

Machen Sie einen sehr weiten Ausfallschritt. Das hintere Bein ist möglichst gestreckt. Die Arme stützen sich aufs vordere Knie. Das Becken wird nach unten vorne bewegt und gehalten. Wichtig: Das vordere Bein soll nicht über die Fußspitze hinausragen. Wenn Sie Probleme mit dem Rücken haben, stützen Sie sich auf Ihre Ellbogen.
Mit jedem Bein 20 Sekunden, zweimal.

10 Die Pectoralis-Übung

Stützen Sie sich mit der hinteren Hand auf Schulterhöhe an der Wand ab. Drehen Sie jetzt den Rumpf möglichst vom Arm weg. Der Blick richtet sich weg vom gestreckten Arm.
Mit jedem Arm zweimal 20 Sekunden.

Warum auch Kräftigungs-Übungen wichtig sind

Nach einer ausreichenden Dehnung und Lockerung der Muskeln ist es sinnvoll, auch die verschiedenen Körperpartien wohldosiert zu kräftigen.

> Kräftigungs-Übungen sind nicht nur nützlich für den Muskelaufbau, sie schonen zugleich den Rücken und die Gelenke.

Kräftigungs-Übungen sind nützlich für den Muskelaufbau, aber zugleich sanft, sie schonen Rücken und Gelenke. Und nach einer gewissen Zeit erleichtern sie fast alle täglichen Aufgaben und kleineren Arbeiten. Denn auch im Alltag wird normalerweise die gesamte Muskulatur, vor allem aber die Bauch- und Rückenmuskulatur, allzu selten beansprucht und damit vernachlässigt. Die Folge davon: Verspannungen, die bei vielen Menschen Schmerzen verursachen.

Hier schafft eine Dehnung und eine anschließende Kräftigung der betroffenen Muskelgruppen einen vernünftigen Ausgleich. Besonders der Rücken ist auf die Unterstützung von anderen Muskelgruppen angewiesen.

Tipp: Führen Sie die Kräftigungs-Übungen immer langsam und kontrolliert durch.

Wirksame Kräftigungs-Übungen

1 Kräftigung der Rückenmuskulatur

Gehen Sie in die Bankstellung (»Vierfüßlerstand«) und strecken Sie den rechten Arm und das linke Bein horizontal aus. Halten Sie die Spannung (Hohlkreuz vermeiden und das Becken nicht drehen). Das Rückentraining soll die Wirbelsäule stabilisieren. Machen Sie 3 bis 5 Wiederholungen für beide Seiten.
Zur Entspannung bzw. Dehnung führen Sie Knie und Kinn zusammen und drücken den Rücken rund nach oben.

2 Kräftigung der Bauchmuskulatur

Legen Sie sich auf den Rücken. Die Beine anwinkeln und entspannen, Hände in den Nacken legen. Die Ellenbogen und Ihr Blick sind nach oben gerichtet. Jetzt nur Schultern vom Boden abheben und halten (die Lendenwirbelsäule bleibt flach am Boden). Machen Sie mehrere Wiederholungen.

3 Kräftigung der seitliche Rumpfmuskulatur

Gehen Sie in den »Seitstütz«. Stützen Sie sich also mit einem Unterarm vom Boden ab. Jetzt die Hüfte anheben – so weit, dass der Körper durch Anspannung der Rumpf-, Gesäß- und Beinmuskulatur eine Gerade bildet. Die Position bis zur Ermüdung halten. Machen Sie zehn Wiederholungen für beide Seiten.

4 Kräftigung der unteren Bauchmuskulatur

Legen Sie sich auf den Rücken, die Hände rechts und links vom Körper ablegen. Die Füße schweben über dem Becken, sie müssen nicht unbedingt voll gestreckt sein. Dann das Becken nur leicht vom Boden abheben und im Zeitlupentempo wieder zurücksinken lassen. Wichtig: Holen Sie keinen Schwung. Stellen Sie sich vor, Sie würden die Füße himmelwärts schieben.

Machen Sie soviel Wiederholungen, wie es geht, maximal zehn.

Welchen Nutzen Sauna hat

Denkste, in der Sauna schmelzen nicht unmittelbar die Fettpölsterchen. Trotzdem sind regelmäßige Saunabesuche eine nützliche Ergänzung fürs Ausdauertraining, besonders wenn die Muskeln verspannt sind oder gar ein Muskelkater plagt. Die Sauna ist eine heiße Wohltat für den Körper und die Seele.

⊙ Sauna baut Stresshormone ab.
⊙ Sauna wirkt entspannend und erfrischend.
⊙ Sauna wirkt reinigend und entschlackend.

Durch das Saunen wird auch der Serotoninspiegel erhöht. (Serotonin – das Hormon, das für Entspannung und Schlaf zuständig ist). Wie gesagt, in der trockenen Hitze (80 bis 95 Grad Celsius bei 15 Prozent relativer Luftfeuchtigkeit) schmilzt kein Fett weg. Doch mit dem Schweiß (0,5 Liter pro Gang) verliert der Organismus überflüssige Stoffe und entgiftet das Gewebe.

⊙ Der Stoffwechsel kommt auf Touren.
⊙ Die Haut wird besser.
⊙ Der Wechsel zwischen Hitze und abruptem Temperatursturz wirkt wie ein Training der Blutgefäße.
⊙ Der Puls kann um 50 Prozent steigen, ohne das Herz allzusehr zu strapazieren (in der Hitze sind die Gefäße erweitert).

Durch Saunabaden lernen die Blutgefäße also wieder jene Wärmeregulierung, die unter der Kleidung oder durch Klimaanlagen häufig verlorengegangen ist – genauso wie die Abwehrkräfte gegen infektiöse Attacken.

10 Tipps
für echte Entspannung

01 DURCHATMEN: Schließen Sie die Augen, Kopf hoch, Brust raus, Bauch rein. Atmen Sie ruhig, gleichmäßig und tief in den Bauch – mindestens 10 Minuten lang.

02 STRECKEN Sie sich: Wenn Sie Ihre Muskeln lockern, empfinden Sie weniger Anspannung.

03 DISTANZ SCHAFFEN: Wenn Sie Stress oder Ärger haben, gehen Sie spazieren. Bewegen Sie sich!

04 BUCHEN Sie mal ein paar Stunden im Day-Spa (gibt's in immer mehr Städten). Diese moderne Art Tagesbad garantiert wohlige Erlebnisse.

05 GÄHNEN Sie – das ist die natürlichste Form der intensiven Tiefenatmung.

06 SCHAUEN Sie in die Ferne und lassen Sie Ihren Blick schweifen. Das hilft, um abzuschalten. Öffnen Sie jede Stunde das Fenster und atmen Sie tief die Frischluft ein.

07 HÖREN SIE MUSIK: Mit speziellen Beruhigungskassetten (New Age, Softrock) können Sie sich besänftigen.

08 TAUCHEN Sie in warmes Wasser. Das fördert wohltuend die Durchblutung. Der Körper fühlt sich entspannt.

09 TAUCHEN SIE WEG – gedanklich. Augen zu und denken Sie sich mit allen Sinnen in Ihre Lieblingskulisse hinein.

10 HEISSER WASCHLAPPEN: Hitze erweitert Äderchen, was die Durchblutung fördert – und ungemein belebt.

Die Ernährung

Wie ich durch bewusstes Essen meine Leistung verbessern kann

Ist es nicht so: Wir sind verunsichert und verwirrt. Weil immer neue Empfehlungen und Studien zum Thema gesunde Ernährung, ständig neue Diäten oder (schein)wissenschaftliche Behauptungen auf den Markt kommen, die sich teilweise sogar widersprechen oder schon bald als falsch erweisen. Ist es nicht so: Wer gesundheitsbewusst ist, dem kann der Bissen im Halse stecken bleiben. Kein Wunder: Der Begriff Diät fand inzwischen sogar Eingang in das *Neue Lexikon des Aberglaubens*.

Essen Sie, was schmeckt!

Gesunde Ernährung? Komisch, viele unterscheiden bereits zwischen gesunder Ernährung und Essen.

Gesunde Ernährung? Schon das Wort schlägt manch einem auf den Magen – das hört sich nach Nährstofftabellen, öder Mampferei und Kalorienzählerei an.

Karotte, Kotelett, Kuchen: Essen soll Spaß machen, dann dient es der Gesundheit am meisten.

In einer *stern*-Titelgeschichte (»Iss, was dir schmeckt«) rät die Ernährungswissenschaftlerin Renate Frank: »Die Menschen von heute müssen wieder lernen, mit dem immensen Essensangebot natürlich und unbefangen umzugehen. Dabei kommt es nicht darauf an, »Freunde« oder »Feinde« unter den Nahrungsmitteln zu enttarnen: Da kein einziges alle Nährstoffe enthält, die wir zum Leben brauchen, gibt es weder reine Heilsbringer noch grundsätzliche Schurken.«

> **Vernünftige Ernährung** fördert nicht nur die Gesundheit, sondern auch die Leistungsfähigkeit.
> Beides, Training und richtige Ernährung, gehört zusammen – sonst läuft es nicht optimal.
> Gute Resultate sind mit schlechten Ernährungsgewohnheiten wohl kaum möglich.

»Der Mensch ist, was er isst«

Die einleuchtende Formel »Der Mensch ist, was er isst« entstammt der *Lehre der Nahrungsmittel für das Volk*, die Ludwig Feuerbach bereits im Jahre 1850 verfasste. Damals ernährten sich die Menschen deftig und mit naturbelassener Kost.

Heute versuchen die Menschen mit immer raffinierteren Methoden die Natur zu überlisten und die Nahrungsmittel zu behandeln. Die werden sterilisiert und pasteuriert, mit Chemikalien konserviert, erhitzt, tiefgefroren, bestrahlt, getrocknet, angereichert, versetzt – und was nicht alles.

Hinzu kommt: Wir essen zu viel, zu fett, zu süß, zu salzig – einfach zu ungesund. Wir trinken zu wenig Wasser und kippen zu viel Alkohol. Viele sind Sitzriesen, ernähren sich aber immer noch, als wären sie körperliche Schwerstarbeiter.

Wir missachten unsere Natur und unsere natürlichen Bedürfnisse. Wir haben unseren Urinstinkt von einst verloren: Nur zu essen, was dem Körper gut tut. Klingt banal, ist aber sehr wichtig: Essen soll Spaß machen. Ein gut trainierter Essinstinkt ist ein verlässlicher Wegweiser zu gesunder Ernährung. Denn unsere innere Stimme führt meist zu der Nahrung, die wir gerade am dringendsten brauchen.

Vertrauen Sie mehr auf Ihren Instinkt

Krankheiten wie Karies, Gicht und Diabetes, Bluthochdruck und vor allem Übergewicht sind ernährungsbedingt und haben stark zugenommen. Sie lassen sich aber schwer bekämpfen, wenn jeder Bissen ein schlechtes Gewissen erzeugt. Das bringt nur zusätzliche Probleme – seelische.

Zum Beispiel Heißhunger auf Süßes? Naschen Sie ruhig, allerdings kontrolliert – denn das hebt die Stimmung. Totaler Verzicht hat nämlich einen fatalen Effekt: Die Lust auf Süßes wird gigantisch. Dauerhaft wohl fühlen werden wir uns nur, wenn wir (wieder) auf unseren Körper hören.

Wer regelmäßig läuft, gewinnt dieses Gefühl für seinen Körper zurück – der Körper meldet, was der wirklich braucht.

Auf unausgewogene, falsche Ernährung reagiert der Körper prompt: Er leistet nicht das, was er könnte. Er wird schneller müde oder sauer.

Gute Resultate sind mit schlechten Ernährungsgewohnheiten kaum möglich. Nur wenn wir uns richtig ernähren – also maßvoll vielfältig, möglichst pflanzlich,

> **Wenn Sie regelmäßig trainieren, wird Ihr Körper zu einer feinabgestimmten Maschine ...**
>
> *Dr. Tammy Baker,*
> *American Dietetic Association*

naturbelassen und ausgewogen – bekommt unser Körper die notwendigen Nährstoffe und mithin jene Energie, die nötig ist, um zu Bestform auflaufen zu können.

Was heißt ausgewogene Ernährung?

In der Ernährungswissenschaft ist oftmals von Bilanzen die Rede. Von ausgewogener Ernährung kann gesprochen werden, wenn unter dem Strich fünf Punkte ausgeglichen sind:

⊙ Die Energiebilanz.
⊙ Die Nährstoffbilanz.
⊙ Die Flüssigkeitsbilanz.
⊙ Die Elektrolytbilanz.
⊙ Die Bilanz von Vitaminen und Spurenelementen.

Die Energie-Lieferanten

Anders als ein Motor bezieht unser Körper seinen Sprit aus zwei völlig verschiedenen Tanks:

⊙ Die Kohlenhydrate liefern schnell abrufbare Energie. Dieser Superkraftstoff ist im sogenannten Glykogendepot (in Leber und Muskulatur) allerdings nur begrenzt vorrätig.
⊙ Das Fettdepot ist dagegen ein riesiger Energiespeicher. Beispiel eines 70 Kilo schweren Menschen: Im Gewebe sind rund 12 Kilo Fett gespeichert. Das entspricht fast 120 000 Kalorien.

Was sich da im Inneren unseres Körpersystems abspielt, bezeichnet man als Stoffwechsel. Jeder Bestandteil der Nahrung hat eine lebenswichtige Aufgabe.

Kohlenhydrate

sind das »Muskelbenzin«, sie liefern schnell und ökonomisch Energie für Muskeln und Gehirn – ohne sie keine Leistung. Kohlenhydrate sind in Zucker oder Stärke enthalten und werden als Glykogen in Muskeln und Leber gespeichert. Gut gefüllte Energiespeicher garantieren eine lange und hohe Leistungsfähigkeit. Kohlenhydrate können Nervennahrung und Stimmungsmacher sein.

Unter dem Begriff Kohlenhydrate wird eine Vielzahl von Stoffen zusammengefasst, die aus Zuckermolekülen bestehen. Tritt ein solches Molekül einzeln auf, wird es Einfachzucker genannt. Hierzu gehören Trauben- und Fruchtzucker, wie sie in Obst vorkommen. Haften zwei Zuckermoleküle zusammen, heißt diese Verbindung Zweifachzucker. Dazu gehören Milch- und Malzzucker, Rohr- und Rübenzucker (also auch unser Haushaltszucker).

Zucker liefert nur »leere« Kalorien, stärkehaltige Lebensmittel wie Kartoffeln, Getreide oder Nudeln geben ihre Energie konstant ab, sättigen lange und versorgen den Körper zudem mit Vitaminen und Mineralstoffen, vor allem in der Vollkorn-Version. Ein Gramm Kohlenhydrate liefert vier Kalorien.

Der Wert der Ballaststoffe

Auch Ballaststoffe (Zellulose, Pektin) gehören zu den Kohlenhydraten. Es sind pflanzliche Nahrungsteile, die vom menschlichen Körper nicht verdaut werden können, die jedoch wichtige Aufgaben bei unserer Verdauung erfüllen und den Stoffwechsel beeinflussen. Sie bringen Volumen auf den Teller, machen lange satt, da sie unseren Magen nur langsam wieder verlassen.

Ballaststoffe kommen nur in pflanzlichen Lebensmitteln vor, genau genommen in deren Zellwänden. Da die Zellwände bei der Verarbeitung von Getreide entfernt werden, steckt im Vollkornbrot mehr Ballaststoff als im Weißbrot, im Naturreis gegenüber dem weißen Reis gar die vierfache Menge. Wir sollten am Tag rund 30 Gramm Ballaststoffe, also Vollwertiges essen – was leider die wenigsten tun.

Eiweiß

Protein ist für unseren Körper unverzichtbar: für Wachstum, Erneuerung von Zellmaterial und Entwicklung von Organen und Gewebe, von Enzymen und Hormonen, zur Stärkung unserer Abwehrkräfte und zur Erhaltung unserer Vitalität. Diese Eiweißverbindungen (Kollagene) sind die Bausteine für unsere Haut und Haare, Myosin und Actin für die Muskeln, weitere Proteine für Blut und Herz und Hirn und alle Organe. Knochen und Zähne wären nicht stabil ohne diesen »interzellulären Zement«.

Eiweiße erfüllen also vielfältige Aufgaben, und sie sind sehr unterschiedlich aufgebaut. Ähnlich einer Perlenkette – mal schnurgerade aufgefädelt, dann wieder zum Knäuel verdreht – reihen sich viele Bausteine aneinander. Diese Bausteine nennt man Aminosäuren. Nehmen wir nun Eiweiß mit unseren Speisen auf, zerlegt unser Körper sie erst mal in ihre Einzelbestandteile, um sie dann ganz nach seinem Bedarf wieder zusammenzusetzen. Er braucht dazu 22 Aminosäuren. Die meisten kann unser Körper selbst herstellen, acht von ihnen (Valin, Lysin, Leuzin, Isoleuzin, Threonin, Methionin, Phenylalanin, Tryptophan und Tyosin) müssen mit der Nahrung aufgenommen werden. Sie sind lebenswichtig – essentiell. Ein Gramm Eiweiß liefert vier Kalorien.

Eiweiß ist in vielen Lebensmitteln enthalten: in Eiern, Milch,

Stimmungsmacher

Eiweiß kann neben Kohlenhydraten als Energiequelle dienen und spielt eine bedeutende Rolle bei den Denkvorgängen im Gehirn. Manche Eiweißbausteine (Tryptophan) wirken sich positiv auf die Stimmung aus, weil sie dafür sorgen, dass unser Gehirn mit dem »Glückshormon« Serotonin versorgt wird.

Steaks, aber auch in pflanzlichen Lebensmitteln, etwa in Getreide, Hülsenfrüchten und Kartoffeln. Und obwohl unser Körper das pflanzliche Eiweiß schlechter verwerten kann als das tierische, sollte es in der Nahrung überwiegen. Denn Getreide, Hülsenfrüchte, Brot, Müsli und Nudeln liefern neben Eiweiß eine große Menge der so wichtigen Kohlenhydrate.

Ein weiterer Vorteil pflanzlicher Eiweiße: Sie enthalten kaum Fett und kein Cholesterin.

Wir sollten täglich rund 55 bis 65 Gramm Eiweiß zu uns nehmen. Kinder und ältere Menschen (ab 60) brauchen allerdings noch mehr.

Natürlich muss keiner auf Fleisch verzichten. Im Gegenteil: Hochwertiges Fleisch ist eine reiche Quelle für B-Vitamine und Eisen und enthält Aminosäuren (die Eiweißbausteine), die sich im Körper optimal mit den Aminosäuren pflanzlicher Kost verbinden.

Wieviel wovon?

Essen Sie möglichst von allem etwas. Dabei sollten die energiereichen Sattmacher (Brot, Nudeln, Reis), die wertvolle Mineralstoffe und Vitamine liefern, im Vordergrund stehen. Die Energiezufuhr sollte so verteilt sein: 55 bis 60 Prozent aus Kohlenhydraten, 25 bis 30 Prozent aus Fett, 10 bis 15 Prozent aus Eiweiß.

Fett

ist nichts Schlechtes. Es versorgt den Körper mit kompakter Energie. Fett ist eines der Fundamente für den Menschen. In unserem Körper stecken (im Idealfall) rund 15 Prozent (Männer) bis 20 Prozent (Frauen) Fett – und das ist gut so.

Denn Fett ist geballte Kraft, eine konzentrierte, nahezu unerschöpfliche Energiequelle. Ein Gramm Fett liefert neun Kalorien – das ist mehr als doppelt so viel, wie Kohlenhydrate und Eiweiß enthalten.

Vor allem: Fett transportiert die fettlöslichen Vitamine A, D, E und K und die unentbehrlichen (essentiellen) Fettsäuren, die für den Aufbau von Nerven und Gehirnzellen bedeutend sind, durch die Darmwand ins Blut. Fett polstert, Fett wärmt. Fett ist also unverzichtbar.

Welches Fett ist das Richtige für mich?

Fett ist nicht gleich Fett. Vom chemischen Aufbau her sind alle Fette gleich. Sie bestehen aus Glycerin und drei Fettsäuren. Doch diese Fettsäuren können sehr unterschiedlich sein:

- ⊙ Gesättigte Fettsäuren stecken in tierischen Produkten. Unser Körper kann sie selbst bilden.
- ⊙ Ungesättigte Fettsäuren muss die Nahrung liefern.

Es kommt also auf die Auswahl an. Die für uns hochwertigen ungesättigten Fettsäuren sind in der Regel weich oder flüssig – und meist pflanzlicher Herkunft (Gemüse, Nüsse, Samen oder Oliven). Leinöl, Sojaöl, Distelöl, Maiskeimöl und Sonnenblumenöl liefern lebenswichtige Bausteine für Hormone und Abwehrstoffe. Raps- und Olivenöl wirken günstig auf den Cholesterinspiegel. Wir sollten also möglichst oft Sachen essen, die mit Pflanzenölen zubereitet sind.

> ## Faustregel
> für den Fettkonsum: Essen Sie täglich etwa ein Gramm pro Kilo Körpergewicht. Das wäre die optimale Menge. Tatsächlich verzehren wir aber – statistisch – weit über 140 Gramm am Tag.

Trotzdem: Vorsicht vor zu viel Fett. Fett macht fett. Allerdings ist Fett auch Geschmacksträger. Viele Gerichte schmecken ohne Fett fad. Das nutzt die Industrie und packt unzählige versteckte Fette in die Fertiggerichte.

Überall lauern Fett-Näpfchen. Die typischen, tückischen Dickmacher – das sind die versteckte Fette in Wurst, Käse, Sahne, Süßigkeiten und Snacks. Scheinbar zarte Wiener Würstchen (70 g) bestehen aus 20 Gramm Fett; eine einzige Praline hat fünf Gramm Fett.

In welchen Lebensmitteln steckt viel »böses« Fett

- ⊙ Fettes Fleisch (Hackfleisch)
- ⊙ Frittiertes (Pommes frites)
- ⊙ Dicke, fettige Saucen
- ⊙ Kuchen, Süßigkeiten
- ⊙ Gänseschmalz
- ⊙ Cremespeisen
- ⊙ Dressings
- ⊙ Mayonnaise

Vitamine

Ohne Vitamine läuft nichts. Die Winzlinge helfen bei allen Stoffwechselvorgängen und spielen eine entscheidende Rolle bei der Bildung von Zellen, Knochen und Blut. Sie stärken unser Immunsystem und erhalten unsere körperliche und geistige Leistungsfähigkeit.

Insgesamt 13 Vitamine sind bislang bekannt, und diese werden in zwei Gruppen eingeteilt: in die fettlöslichen und in die wasserlöslichen Vitamine. Fehlt auch nur ein einziges, läuft der Stoffwechsel nicht mehr reibungslos.

Unser Körper kann Vitamine nicht selbst bilden, er muss sie sich aus Speisen und Getränken holen. Zudem ist er auf regelmäßigen Nachschub angewiesen. Wasserlösliche Vitamine wie Vitamin C kann unser Körper nur kurzfristig speichern. Die fettlöslichen Vitamine A, D, E und K hingegen werden im Fettgewebe und in der Leber eingelagert. Bei einigen Vitaminen reicht ein voller Speicher gerade mal zwei Wochen.

Mineralstoffe und Spurenelemente

Sie sind genauso klein und ebenso wichtig wie Vitamine: die Mineralstoffe. Sie spielen eine entscheidende Rolle bei der Energiegewinnung, sind wichtig für Muskeln und Nerven, Knochen und Zähne, für Blutbildung und den Sauerstofftransport im Blut.

Da unser Körper diese Stoffe nicht selbst bilden kann, müssen sie mit der Nahrung aufgenommen werden – und das möglichst täglich. Nur so bleiben Gesundheit und volle Leistungsfähigkeit erhalten.

Durch körperliche Anstrengung werden Mineralstoffe mit dem Schweiß ausgeschieden. Zudem gehen Mineralstoffe durch den erhöhten Energiestoffwechsel verloren. Wer konstant Leistung bringen will, muss also für regelmäßigen und ausreichenden Nachschub sorgen. Ein Mangel kann zu allgemeiner körperlicher Schwäche und Abgeschlagenheit führen, aber auch zu Muskelschwäche oder Muskelkrämpfen.

(!) Vitalstoffe

Die Übersicht: Wichtige Vitamine und Mineralstoffe.

Vitalstoffe	Wofür gut?	Quellen?	Wieviel?
Beta-Carotin	Neubildung der Zellen, wehrt Bakterien + Viren ab	Petersilie, Spinat, Fenchel, Möhren, Paprika	1–2 mg
Vitamin D	Wichtig für die Muskelarbeit, Nerven, Immunsystem	Eigelb, Leber, Pilze, Seefisch, Milchprodukte	50–100 µg
Vitamin E	Hält Zellen jung, erhöht Muskelkraft + Ausdauer	Nüsse, Kerne, Vollkorngetreide, Pflanzenöl	500–1000 µg
Vitamin K	Wichtig für Knochenstoffwechsel, Wundheilung	Kohl, Käse, Tomaten, grünes Blattgemüse	F.: 60–65 µg M.: 50–80 µg
Vitamin C	Wehrt Krankheiten ab, stabilisiert die Psyche	Zitrusfrüchte, frisches Obst, Salat, Gemüse	1–3 g
Vitamin B$_1$	Gewinnt Energie aus Kohlenhydraten	Vollkorn, Nüsse, Gemüse, Kartoffeln, Hülsenfrüchte	10–100 mg
Vitamin B$_2$	Baut Muskeln auf, kurbelt Fettstoffwechsel an	Leber, Huhn, Eier, Milch, Nüsse, Seefisch, Salat	10–100 mg
Vitamin B$_6$	Baut Aminosäuren auf, bildet Blut	Vollkorn, Bierhefe, Avocados, Bananen	20–200 mg
Folsäure	Dynamik, Wachstum, Magen- und Darmtätigkeit	Leber, Käse, Kartoffeln, Erdbeeren, Soja	1–5 mg
Chrom	Fettverbrennung	schwarzer Tee, Käse, Kakao, Vollkorn	0,1–0,2 mg
Eisen	Sauerstofftransport, Energiegewinnung	Fisch, Fleisch, Soja, Milchprodukte	50–200 µg
Selen	Schützt Zellen, entgiftet, hält Körpergewebe elastisch	Fisch, Fleisch, Vollkorn, Milchprodukte, Soja	50–400 µg
Natrium	Reguliert Wasserhaushalt, aktiviert Enzyme	Kochsalz, Fisch, Brot, Käse, Mineralwasser	ca. 120 mg
Kalzium	Unterstützt Muskelkontraktion, Nervenimpulse	Milchprodukte, grünes Blattgemüse, Lachs	0,8–1,2 g

Noch mehr wichtige Vitalstoffe finden Sie auf Seite 134 ff. (»Fatburner«).

Warum gesunde Ernährung ganz einfach ist

Eine Ernährung, in der man leistungsfähig bleibt und für immer die Form hält, ist viel weniger kompliziert, als viele glauben. Alles wird gut, wenn Sie viel Obst und Gemüse essen, häufiger Fisch, weniger Fleisch, dafür mehr Kartoffeln, Nudeln, Reis oder Brot. Schon wegen der Ballaststoffe, die wichtig sind, um den Darm zu füllen und dadurch für eine gute Verdauung sorgen.

> Füllige genießen das Essen nicht, sondern stopfen es rasch und gedankenlos in sich hinein. Sättigungsgefühle ignorieren sie. Sie mampfen, bis der Teller leer ist – und dann rechnet ihnen das schlechten Gewissen jeden Bissen vor.
>
> *Nicolai Worm, Ernährungswissenschaftler*

Wer fit und schlank sein und bleiben will, sollte bewusste Ernährung und neue Essgewohnheiten kultivieren. Freude am Essen ist ganz wichtig. Wer mehr Leistung von seinem Körper will, muss ihm geben, was er braucht – so simpel ist die Versorgungs-Formel für körperliche Bestform. Wer nur das Beste vom Besten einkauft, wird beim Essen nicht gedankenlos schlingen, sondern langsam genießen.

Wie Sie sich fit essen

Das Frühstück sollte aus einer Kombination Getreide, Früchten und einem Eiweißträger bestehen. Im Klartext: Müsli mit Milch, Molke, Joghurt oder Buttermilch, frischen Früchten oder Trockenobst.

Gut, wenn Sie Ihr Müsli selber mixen, Fertigmüslis wird meist viel Zucker zugesetzt. Das gilt auch für Cornflakes & Co. Wer nicht auf Fertigprodukte verzichten möchte, sollte zumindest zuckerarme und ballaststoffreiche Sorten kaufen.

Die Zutaten müssen der Menge nach aufgeführt werden. Je weiter vorne der Zucker aufgeführt ist, umso mehr ist drin. Auch hinter den Begriffen Glukose, Maltose, Dextrose, Fruktose und Saccharose verbirgt sich – nichts anderes als Zucker.

Was Energie für den Tag gibt

Immer noch besser als ein zu süßes Müsli: die Frühstücks-schnitte aus Vollkorn. Im Vergleich zu Weißbrot oder (Weißmehl)-Brötchen enthält sie die vier- bis fünffache Menge an Vitaminen, Mineralstoffen und Spurenelementen. Dazu gehören B-Vitamine und Magnesium – Stoffe, die für die Kopfarbeit wichtig sind, aber auch Eisen und Kalzium sowie Ballaststoffe, die die Verdauung fördern. Die langkettigen Kohlenhydrate des Vollkorngetreides gehen allmählich ins Blut. So halten sie den Blutzuckerspiegel konstant, machen satt und liefern Langzeit-Energie.

Weiterer Vorteil einer Vollkorn-Mahlzeit (Müsli, kerniges Brot): Kräftiges Kauen entstaut die venösen Geflechte im Schädel, löst also Blockaden in unserer Denkzentrale.

6 Tipps, um unkontrolliertes Essen zu zügeln

01 Essen Sie langsam. Der Magen meldet das Sättigungsgefühl erst nach gut einer Viertelstunde.

02 Kauen Sie gut. Die Verdauung beginnt schon im Mund. Also möglichst jeden Bissen rund 20-mal kauen. Sie werden so auch schneller satt.

03 Vermeiden Sie schnelles Essen im Stehen.

04 Essen Sie bewusst. Nicht nebenbei beim Fernsehen.

05 Aufessen muss nicht sein. Wenn Sie satt sind, lassen den Teller stehen, auch wenn Mama früher was anderes gepredigt hat.

06 Wiegen Sie sich regelmäßig – aber nur einmal pro Woche, immer auf derselben Waage.

Hören Sie auf Ihren Magen

Ignorieren Sie Ihr Hungergefühl nicht, sonst rächt sich der Organismus mit Heißhunger. Essen Sie rechtzeitig eine Kleinigkeit (z. B. ein Stück Obst, eine Karotte, Knäckebrot oder eine kleine Portion Frischkäse), wenn sich Ihr Magen knurrig meldet.

Essen Sie langsam

Es dauert 15 bis 25 Minuten, ehe der Magen Sättigungssignale ans Hirn schickt. Legen Sie zwischendurch mal das Besteck aus der Hand, wenn Sie sich nicht unnötig vollstopfen mögen. Essen Sie in kleinen Bissen. Warten Sie zehn Minuten, ehe Sie einen Nachschlag verlangen.

Essen Sie bewusst

Werden Sie zum Feinschmecker, der jeden Bissen genießt. Hastige Esser bringen sich nicht nur um den Genuss – sie futtern auch mehr, bis sie endlich ein Sättigungsgefühl spüren.

Vorfahrt für Beilagen

Nicht Fleisch sollte den meisten Platz auf dem Teller einnehmen, sondern Beilagen. Also die Portionen von Kartoffeln, Reis, Nudeln, Gemüse verdoppeln, das Fleisch halbieren. Diese Verteilung gewährleistet eine optimale Nährstoffversorgung.

Gehen Sie mit der Natur

Wer sich an das hält, was die jeweilige Jahreszeit und Landschaft zu bieten haben, fährt auf jeden Fall gesund. Frisches, naturbelassenes Obst und Gemüse der Saison ist in der Regel richtig reif und hat genügend Sonne getankt, um den vollen Gehalt an Vitaminen und Mineralstoffen zu entwickeln. Die Jahreszeiten sorgen für reichlich Abwechslung und Genuss.

Werden Sie zum Pflanzenfresser

Pflanzliche Nahrung enthält die meisten gesundheitsfördernden Substanzen und ist dabei ausgesprochen fett- und kalorienarm.

12 Tipps,
wie sich leicht Fett einsparen lässt

01 Kaufen Sie fettarme Käsesorten (Harzer Käse, Hütten-käse, Kochkäse).

02 Kaufen Sie statt Sahne (32 g Fett) Buttermilch (0,5 g), statt Crème double (40 g) lieber fettarmen Kefir (1,5 g).

03 Wählen Sie magere Fleisch- und Wurstsorten (Geflügel-wurst, Lachsschinken, Roastbeef, Fleisch in Aspik).

04 Schneiden Sie die sichtbaren Fettränder vom Fleisch.

05 Geizen Sie mit Streichfett, besonders Butter.

06 Pinseln Sie beschichtete Pfannen nur mit Öl aus. Das Fett nach dem Anbraten von Fleisch abgießen.

07 Geben Sie lieber Gurke, Radieschen, Tomate aufs Brot, statt dick Käse und Wurst.

08 Geben Sie Joghurt oder Sauerrahm in Soßen – statt Crème fraîche.

09 Verwenden Sie statt Fett mehr Gewürze, nehmen Sie frische Kräuter als Geschmacksträger.

10 Wählen Sie statt Butterkeks lieber Russisch Brot. In den Buchstabenkeksen steckt nur ein Zehntel Fett.

11 Knabbern Sie statt Erdnüsse (100 g = 50 g Fett) lieber fast fettfreie Salzstangen.

12 Bei Süßhunger: Statt Mousse au chocolat (16 g Fett) lieber Gummibärchen (0 g Fett), statt Schokolade (30 g Fett) lieber Mohrenköpfe (0,2 g Fett).

Erstens haben die in Obst und Gemüse enthaltenen Ballaststoffe (Pektine) im Magen-Darm-Trakt eine fettbindende Wirkung. Zweitens sind Sie schneller satt.

Fünfmal täglich Obst und Gemüse und ein guter Teil davon als Rohkost (z. B. Karotten) wäre optimal. Zum Beispiel frisches Obst zum Müsli, ein Glas Gemüsesaft (am besten frisch gepresst), einmal gedünstetes Gemüse als Beilage, einmal frisches Obst als Pausensnack und eine nicht zu kleine Portion Salat.

Genauer hinschauen bei Light-Produkten

Auch so genannte Light-Produkte sind nicht automatisch fettarm. Light oder leicht sagt lediglich aus, dass dem Produkt irgend etwas entzogen wurde (z. B. Zucker oder Koffein). Selbst die Behauptung »30 oder 40 Prozent verringerter Fettgehalt« heißt nicht fettarm. Entscheidend ist immer die Angabe über den Fettgehalt pro 100 g auf dem Zutaten-Etikett.

Meiden Sie zu spätes Abendessen

Unsere Natur verübelt nächtliche Schlemmerei (nach 21 Uhr). Die Verdauung verzögert sich. Der Organismus soll nachts nicht auf Höchststufe arbeiten, sondern regenerieren, wenn wir morgens energiegeladen aufwachen wollen.

Warum reichlich Trinken so wichtig ist

Die Bedeutung des Wassers für unseren Körper wird immer noch unterschätzt. Fast zwei Drittel unseres Körpers bestehen aus Wasser. In unserem Blut sind sogar 90 Prozent Wasser enthalten.

- ⊙ Wasser ist die Substanz, die für die gesunde Funktion von Herz, Kreislauf und Nieren zuständig ist.
- ⊙ Wasser ist elementares Kühlmittel für den Motor unseres Stoffwechsels und sorgt bei warmen Wetter (als Schweiß) dafür, dass die Betriebstemperatur stets im grünen Bereich bleibt.
- ⊙ Wasser löst die Nährstoffe auf und transportiert sie über das Blut zu allen Körperzellen und Organen.

116

⊙ Wasser hilft bei der Müllentsorgung: Es schwemmt die Stoffwechselreste (Kohlendioxyd, Milchsäure) aus, die dann über die Nieren durch den Urin ausgeschieden werden.

Deshalb ist Wasser unser wichtigstes Nahrungsmittel – die Quelle unseres Lebens.

Trinken Sie also reichlich, mindestens zwei Liter Flüssigkeit sollten täglich sein. Wertvoll ist Mineralwasser das mehr als 500 mg/l Kalzium und mehr als 100 mg/l Magnesium enthält. Besonders günstig ist Apfelschorle. Äpfel liefern Kalium für Nerven und Muskeln, Mineralwasser liefert Magnesium, das die Funktion der Muskelzellen unterstützt.

Biobombe

Bananen sind als Snack oder Zwischenmahlzeit für Läufer unschlagbar. Sie sind reich an Kohlenhydraten und sättigen deshalb gut, enthalten viel Kalium, Magnesium, Vitamin A und C sowie verschiedene B-Vitamine. Außerdem wirken Bananen speichelbildend.

Was soll ich nach dem Laufen trinken?

Auf keinen Fall den ersten Durst mit Limonaden oder gar alkoholischen Getränken löschen. Nach dem Laufen ist Mineralwasser oder eine Apfelschorle (1/3 Apfelsaft, 2/3 Mineralwasser) unschlagbar.

Warten Sie mit einem erfrischenden Bier mindestens zwei Stunden. Warum? Weil die Leber gerade nach körperlicher Anstrengung ohnehin stark belastet ist.

Das Abnehmen

Wie ich durch cleveres Training
schlank werde und bleibe

Zunehmen ist nicht schwer. Wenn Sie jeden Tag bloß läppische 100 Kalorien zu viel essen, dann macht das übers Jahr eine ganze Menge aus: Sie würden immerhin fünf Kilo Körpergewicht zulegen.

Abnehmen ist verdammt schwer. Wenn Sie ein Kilo abspecken wollen, müssen Sie satte 7000 Kalorien einsparen. Das bedeutet, rein rechnerisch: Man müsste ungefähr drei Tage lang Kohldampf schieben. Denn unser täglicher Bedarf liegt bei rund 2200 Kalorien (Frauen) bis 2500 Kalorien (Männer). Nur Schwerstarbeiter und Sportler brauchen deutlich mehr.

Zunehmen ist nicht schwer. Millionen können davon ein Klagelied singen. Jeder Zweite hierzulande fühlt sich zu fett und darum nicht wohl – und möchte soooo gerne abnehmen.

> **Lauf-Diät**
> Es gibt nur eine Diät, die funktioniert: Die Bewegungs-Diät. Und die beste, die einfachste, die leichteste Form der Bewegung – das ist nun mal Laufen. Laufen ist die beste Diät, wenn Sie abnehmen und auf Dauer schlank bleiben wollen.

Da läuft etwas grundsätzlich falsch

Abnehmen ist verdammt schwer. Jeder, der jemals eine Diät gemacht hat, kann das bestätigen. Diäten verbieten. Hungern frustriert, Hungern verdirbt die Laune, die Lebenslust. Und das Schlimmste: Der Lohn für die Mühsal bleibt aus. Denn Hungern macht ja nicht schlank. Im Gegenteil: Jede Diät macht letztlich dick.

Jede zweite Frau, jeder fünfte Mann hat mindestens schon einmal im Leben eine Diät gemacht. Oftmals mit sichtbarem Erfolg – aber der Erfolg war nur kurzfristig. Langfristig stellt sich fast immer großer Frust ein.

Diäten sind verführerisch. Denn zunächst läuft alles wie gewünscht: Das Gewicht geht rasch runter. Doch was geht denn da eigentlich verloren? Fett? Nein. Es ist vor allem Wasser, in den Kohlenhydraten gebundenes Wasser.

Davon ist relativ viel im Körper gespeichert: In jedem Gramm der so genannten Glykogenreserven in Leber und Muskeln werden ca. 2,7 Gramm Wasser gebunden. Wenn wir diäten, also kaum mehr Kohlenhydate zuführen, werden erst mal die Depots geleert – und der Körper verliert jetzt vor allem Wasser. Dieser Wasserverlust macht in den beiden ersten Wochen einer strengen Diät über die Hälfte des verloren gegangenen Gewichts aus.

Warum Diäten Unsinn sind

Der Anfangserfolg ist nichts weiter als eine schöne Illusion. Die fatale Nebenwirkung: Mit der Flüssigkeit verlieren wir auch wertvolle Mineralstoffe. Die unerwünschten Begleitsymptome kennen Sie: Müdigkeit, Nervosität, Kopfschmerzen.

Hungern geht gewaltig auf den Geist, verdirbt die Laune und die Lebenslust. Selbst auferlegte Askese macht Verbotenes nur reizvoller. Die Gedanken sind total aufs Essen fixiert – alles dreht sich um diesen elenden Zustand des Kohldampfschiebens. Da bleibt kaum Energie für spontanen Spaß, Hobby oder Freunde. Denen schlägt das Diätgerede ohnehin auf den Magen.

Vor allem aber: Diäten können, weil sie jeden Genuss verbieten und soviel Selbstkontrolle verlangen, zu einer Einstiegsdroge für Essstörungen (Magersucht, Bulimie) werden.

Radikalkuren schaden. Machen Sie sich bitte klar: Sie haben Ihr Übergewicht langsam zugelegt. Sie werden es auch nur langsam verlieren.

Wie reagiert der Körper auf eine Diät?

So leicht und lässt sich unser Organismus nicht überlisten. Der Körper reagiert noch wie zu Urzeiten. Für unsere Vorfahren war das Nahrungsangebot knapp. Wer in fetten Zeiten viel in der Schwarte speichern konnte und in kargen Monaten die angefutterten Reserven nur sparsam verbrannte, hatte einen Überlebensvorteil. Noch immer tut unser Körper alles, um wie ehedem seine Fettpolster für schlechte Zeiten zu sichern.

Der Körper kann noch immer nicht zwischen unserem Abnehm-Wunsch und einer echten Hungersnot unterscheiden. Das ist leider so. Wenn wir also fasten, wenn wir uns nach der Methode »fdH« (friss die Hälfte) disziplinieren oder diäten – immer wittert der Organismus Gefahr, schaltet automatisch auf Sparflamme.

Durch Magerkost kommt ein verhängnisvoller Kreislauf in Gang. Der Ausstoß von Leptin wird verringert. Dieses Hormon stimuliert normalerweise den Körper, abgelagertes Fett abzubauen. Der Grundumsatz wird gedrosselt – also der notwendige Energiebedarf, um den Stoffwechsel und alle Körperfunktionen aufrecht zu erhalten (Atmung, Verdauung, Herzschlag usw.). Zudem fördert ein Gewichtsverlust durch eine Radikaldiät die Arterienverkalkung, Gallensteine, Hormonschwankungen drohen.

> **Diät**
> Das Zauberwort kommt aus dem Griechischen (diaita) und bedeutet streng genommen nicht Darben und Hungern, sondern viel mehr eine »gemäßigte, vernünftige Lebensweise«.

Warum machen Diäten schlapp?

Diäten sind gefährlicher Unsinn. Sie führen zu Frust, Konzentrationsschwäche und Leistungsabfall. Das hängt auch mit dem Verlust von Eiweiß zusammen. Um Energie zu gewinnen, greift der Körper nicht auf die Fettdepots zurück, er holt sich die Power aus dem gespeicherten Protein. Täglich wandelt er 200 Gramm wertvollstes Körpereiweiß (vor allem aus der Muskulatur) in Glukose um – um es zu verheizen. Erst nach zwei Wochen greift der Organismus (endlich!) seine Fettreserven an.

Wie ist das mit dem Jojo-Effekt?

Wer sich weniger Kalorien gestattet, nimmt zwar ab. Aber das löst keinesfalls Gewichtsprobleme. Im Gegenteil. »Die meisten Diäten machen dick«, bestätigt Thomas Klusmann, Sprecher der

Deutschen Gesellschaft für gesundes Leben. Statistiken beweisen: Nach der mühsamen Abspeck-Tortur schnellt das Gewicht in 80 Prozent aller Fälle wieder zurück auf das ungewollte Maß – und meist wird es mehr. Das ist der berüchtigte Jojo-Effekt.

Warum, wissen Sie jetzt. Während einer Diät wird der Energieverbrauch stark gedrosselt, der Körper kommt mit weniger Kalorien aus. Dieser Zustand kann eine Woche oder länger andauern. Selbst wenn Sie jetzt nur so viel essen, wie vor der Diät, essen Sie viel mehr, als der an Schmalkost gewöhnte Körper jetzt braucht. Die Folge: Der Körper schnappt sich den Überschuss und füllt schnellstens seine Fettdepots wieder auf.

Dauerhaft Abnehmen läuft anders

Gewichtsreduzierung ist ein banales Rechenexempel. Wer ständig mehr Kalorien aufnimmt, als er verbraucht, wird dick. Wenn Sie also abnehmen wollen, dürfen Sie entweder dem Körper nicht mehr zu viel Brennstoff zuführen. Oder: Sie müssen mehr verbrennen als bisher – Sie sollten sich also mehr bewegen.

Die erfolgreichste Strategie: Am zuverlässigsten nehmen Sie ab, wenn Sie beide Methoden clever kombinieren. Praktisch heißt das: Sie pflegen einen anderen Lebensstil:

⊙ Sie ändern Ihre Ernährungsgewohnheiten.
⊙ Sie planen mehr Bewegung, also moderates Ausdauertraining in den Alltag ein.

Fitness als Lebensstil

Die amerikanische Fitness-Queen Susan Powter (»Ohne Diät geht's auch«) brachte im Interview den sensiblen Zusammenhang auf einen ganz einfachen Nenner: »Eat right and move your ass!«

> **Iss richtig und beweg'**
> **Deinen Hintern!**
> *Susan Powter*

Okay. Also iss richtig und beweg' Deinen Hintern! Aber es stimmt: Alles läuft gut, wenn Laufen ein selbstverständlicher Bestandteil des Tagesablaufs wird, ein Teil des Lebensstils. Das hat dramatische Auswirkungen. Denn Leute, die regelmäßig laufen, werden schon bald ganz automatisch laufen, weil ihr Körper es so verlangt. Laufen weckt die somatische Intelligenz. Die meisten Läufer geben zum Beispiel auch das Rauchen auf. Sie beachten, was ihnen der Körper signalisiert, sie beginnen vernünftiger und bewusster zu essen.

»Man muss die Kerze von beiden Seiten anzünden«

Kommen wir noch einmal auf unseren Kronzeugen Joschka Fischer zurück, dem durch konsequentes Lauftraining ein radikaler körperlicher Umbau gelungen ist: Vom barocken Dickbauch zum asketisch wirkenden Langläufer; von der gewaltigen Konfektionsgröße 28 auf eine »die persönliche Befindlichkeit und das Selbstbewusstsein ungemein fördernde Größe 48«. Fischer hatte für sich erkannt: »Man muss die Kerzen von beiden Seiten anzünden«.

In punkto Essen hatte er nie etwas anbrennen lassen. Zum Frühstück gab's normalerweise Wurst, Schinken, Käse, Eier gerührt, gekocht und gespiegelt, mit kross gebratenem Speck, Würstchen, Butter, Brot und Marmelade, manchmal auch Bratkartoffeln. Mittags ein opulentes Mittagessen mit schlechtem Gewissen, manchmal noch eine Currywurst. Und abends ging es dann so richtig in die Vollen.

Und heute?

»Ich esse nach wie vor sehr gerne und sehr gut, nur eben anders und weniger.« Er orientiert sich an der einfach-bäuerlichen Küche der Toscana – fettarm, reich an Rohkost, Gemüsen, Kohlenhydraten, Olivenöl. Das tierische Fett hat er auf seinem täglichen Speiseplan weitgehend reduziert, Pasta und Gemüse dominieren den Tisch, Fisch und Meeresfrüchte, zudem Brot, Obst, Salat. Man muss sich nur umprogrammieren.

Man kann sich jederzeit umprogrammieren – wenn man will.

> ### Somatische Intelligenz
> ist unsere innere Weisheit. Der Körper verlangt instinktiv, was er wirklich braucht – wenn wir diesen Instinkt nicht mit Gelüsten verwechseln, die eher im Kopf entstehen.

Die Formel fürs persönliche Traumgewicht

Der Zeiger auf der Waage hat wenig Aussagekraft. Am genauesten können Sie Ihr Idealgewicht bestimmen, wenn Sie mit dem Body-Mass-Index (BMI) rechnen.

Um den BMI auszurechnen, brauchen Sie vielleicht einen Taschenrechner. Aber diese auf den ersten Blick komplizierte Formel berücksichtigt die Größe eines Menschen angemessen: Körpergewicht in Kilogramm geteilt durch das Quadrat der Körpergröße in Metern.

$$\text{BMI} = \frac{\text{Körpergewicht}}{\text{Körpergröße in m}^2}$$

Welche Bedeutung hat mein BMI-Wert?

Der Body-Mass Index zeigt an, ob Ihr aktuelles Gewicht zu Ihrer Größe passt:

⊙ BMI-Sollwert bei Männern 20 bis 25.

⊙ BMI-Sollwert bei Frauen: 19 bis 24.

⊙ BMI unter 19 bedeutet: Leichtes Untergewicht.

⊙ BMI 25 bis 30 bedeutet: Leichtes Übergewicht.

⊙ BMI über 30 bedeutet: Starkes Übergewicht (Adipositas).

Wie kann man Körperfett ganz genau bestimmen?

Doch auch der Body Mass Index allein liefert noch kein zuverlässiges Bild über Ihren körperlichen Zustand.

Maßgeblich ist vor allem der Fettanteil im Körper. Den können Sie zum Beispiel mit einer Fettzange (Caliper) messen. Zuverlässiger jedoch funktionieren elekronische Waagen (z. B. von der Firma Tanita). Sie stellen sich da ganz normal mit nackten Füßen drauf. Mit Hilfe von Schwachstrom wird der Widerstand der Zellen gemessen und so der prozentuale Körperfettanteil exakt bestimmt.

? Körperfett	Die Übersicht: Der Fettanteil im Körper bei Frauen und Männern in Prozent.			
Alter	**sehr gut**	**gut**	**mittel**	**schlecht**
20 - 24	18,9	22,1	25,0	29,6
25 - 29	18,9	22,0	25,4	29,8
30 - 34	19,7	22,7	26,4	30,5
35 - 39	21,0	24,0	27,7	31,5
40 - 44	22,6	25,6	29,3	32,8
45 - 49	24,3	27,3	30,9	34,1
50 - 59	26,6	29,7	33,1	36,2
60 + älter	27,4	30,7	34,0	37,3
20 - 24	10,8	14,9	19,0	23,3
25 - 29	12,8	16,5	20,3	24,3
30 - 34	14,5	18,0	21,5	25,2
35 - 39	16,1	19,3	22,6	26,1
40 - 44	17,5	20,5	23,6	26,9
45 - 49	18,6	21,5	24,5	27,6
50 - 59	19,8	22,7	25,6	28,7
60 + älter	20,2	23,2	26,2	29,3

Frauen (obere Tabellenhälfte), *Männer* (untere Tabellenhälfte)

Wie kriege ich denn nun mein Fett weg?

Großer Irrtum, dass Essen dick macht. Kein Nahrungsmittel macht fett, weder Sahne noch Schokolade noch Saucen. Fett werden wir nur, wenn wir mehr Kalorien futtern, als wir verbrauchen.

125

Wir essen, um dem Körper das nötige Material für die ständige Erneuerung seiner Zellen und Brennstoff zu liefern. Nahrung ist vor allem Brennmaterial, um die Millionen kleiner Motoren, unsere Muskelzellen (Mitochondrien), anzufeuern. Die liefern uns Energie, damit der Körper seinen komplizierten 24-Stunden-Arbeitstag leisten kann.

Prinzipiell ist Fett ja eine geniale Erfindung der Evolution. Fett ist Polstermaterial und Wärmespender, Fett absorbiert und schützt so die Organe gegen Schocks. Die Fettmoleküle (Triglycerine) sind geballte Kraft, eine konzentrierte, nahezu unerschöpfliche Energiequelle. Wie gesagt, ein Gramm Fett liefert neun Kalorien – mehr also doppelt so viel wie Kohlehydrate und Eiweiß.

Der Stoff, aus dem die Pfunde sind

Aus den überschüssigen Energiereserven baut unser Organismus Körperfett auf, das Schutzfunktionen erfüllt, aber auch Ursache für Zivilisationskrankheiten ist. Fett wird nicht nur auf den Rippen, auf Hüfte und Bauch gespeichert, sondern auch in der Leber, sogar im Gehirn. Klar, das stört den Informationstransport zwischen den Gehirnzellen, Denkprozesse und Konzentration leiden.

Von der Verfettung besonders betroffen ist das ein paar tausend Kilometer lange Netz unserer Gefäße, also die Blutbahnen.

Menschliche Leistungsfähigkeit lässt sich vor allem an der optimalen Durchblutung und Sauerstoffdurchflutung aller Organe feststellen. Aber wie wollen wir Höchstleistung bringen, wie voller Energie und Kreativität sein, wenn die Gefäßwände verkleistert sind oder zu verstopfen drohen. Mit Fett.

Abbau

Wenn Sie eine Zeit lang nicht trainieren, rosten Sie gewissermaßen ein. Die zuckerverbrennenden Enzyme funktionieren lebenslang, doch fettverbrennende Enzyme bleiben uns nur erhalten, wenn wir sie fordern und benutzen. Sonst werden sie zu Aminosäuren gespalten. So sieht das unser Konstruktionsplan nun mal vor.

? Kalorien

Die Übersicht: Wie viele Kalorien bei welchen Aktivitäten pro Stunde verbraucht werden.

Körpergewicht in kg	50	60	70	80	100
Aerobic	350	375	400	500	560
Bergwandern	240	270	300	360	450
Golf	200	215	230	300	350
Hausarbeit	100	125	150	180	230
Inlineskating	480	520	560	720	800
Laufen (8 km/h)	240	270	300	360	450
Laufen (10 km/h)	315	380	450	550	700
Laufen (12 km/h)	520	560	600	750	1050
Radfahren (15 km/h)	220	260	300	360	450
Schwimmen (langsam)	240	270	300	360	450
Schwimmen (schnell)	550	600	650	950	1000
Sex (sehr aktiv)	230	250	270	350	450
Skilanglauf	380	415	450	550	700
Tanzen (Rock/Disco)	200	215	230	300	380
Tanzen (Standard)	150	175	200	240	300
Tennis	240	270	300	360	450
Treppensteigen	350	375	400	530	610
Walking (4 km/h)	140	155	170	210	320
Walking (7 km/h)	270	290	310	410	520

Wie werde ich zu einer Fettverbrennungsmaschine?

Fett kann nicht im Knochen verbrennen, nicht im Gehirn oder in der Leber – Fett verbrennt einzig und allein im Muskel. Die Voraussetzung dafür: Sie müssen sich regelmäßig bewegen, ganz leicht, ganz locker. Gleichzeitig muss die Muskulatur mit reichlich Sauerstoff versorgt werden (aerober Bereich). Denn nur bei Sauerstoffüberschuss bilden sich Millionen fettvernichtende Enzyme.

> **Faustregel**
>
> Ihr Kalorienverbrauch pro Kilometer ist (in Zahlen) so groß wie Ihr Körpergewicht.
> Wenn Sie also 70 Kilo wiegen, verbrennen Sie bei einem 10-Kilometerlauf 700 kcal.

Wenn wir aber außer Atem geraten, also in den anaeroben Bereich kommen, geht der Körper ein Sauerstoff-Defizit ein. Er schaltet automatisch von Fett- auf Zuckerverbrennung um. Bei Tennis, Squash oder Fußball – bei allen Stop-and-Go-Sportarten geht der Körper vor allem an die (wertvollen) Zuckerreserven. Lästiges Fett bleibt unangetastet.

Wann setzt die Fettverbrennung ein?

Fettabbau braucht seine Zeit. Sie wissen ja: In einem Kilogramm Fett stecken immerhin rund 7000 Kilokalorien – das ist genügend Energie für zwei, drei Tage schwere Körperarbeit.

Bislang waren sich Sportwissenschaftler über eine magische Grenze einig: Erst nach einer halben Stunde Bewegung, so die Lehrmeinung, greift der Körper seine Fettdepots an. Das stimmt so nicht. Studien von Professor Alois Mader (Deutsche Sporthochschule Köln) belegen, dass die Muskeln schon früher beginnen, Fett verbrennen.

Laufen ist die effektivste und beste Möglichkeit, wie Sie Fett loswerden. Wenn Sie täglich mindestens 30 Minuten laufen, verwandeln Sie mittelfristig 70 Prozent Ihrer Muskeln in fettverbrennende Öfen. Die Voraussetzung: Sie müssen die Belastung richtig dosieren. Was heißt »richtig«?

Die Herzfrequenz, der Trainingspuls sagt es. In der Tabelle auf der rechten Seite finden Sie Ihren optimalen Trainingspuls.

(?) Pulsfrequenz

Ihr optimaler Bereich:
HFmax (220 minus Lebens-
alter), davon 65 bis 85 Prozent.

HFmax	60%	65%	70%	75%	80%	85%	90%
200	120	130	140	150	160	170	180
198	119	129	139	149	158	168	178
196	118	127	137	147	157	167	178
194	116	126	136	146	155	165	175
192	115	125	134	144	154	163	173
190	114	124	133	143	152	162	171
188	113	122	132	141	150	160	169
186	112	121	130	140	149	158	167
184	110	120	129	138	147	156	166
182	109	118	127	137	146	155	164
180	108	117	126	135	144	153	162
178	107	116	125	134	142	151	160
176	106	114	123	132	141	150	158
174	104	113	122	131	139	148	157
172	103	112	120	129	138	146	155
170	102	111	119	128	136	145	153
168	101	109	118	126	134	143	151
166	100	108	116	125	133	141	149
164	98	107	115	123	131	139	148
162	97	105	113	122	130	138	146
160	96	104	112	120	128	136	144
158	95	103	111	119	126	134	142
156	94	101	109	117	125	133	140
154	92	100	108	116	123	131	139
152	91	99	106	114	122	129	131
150	90	98	105	113	120	128	135

Laufen verändert die Körperchemie

Anfangs verheizt Ihr Körper beim leichten Lauftraining kaum Fett. Doch Laufen verändert nachhaltig Ihre Körperchemie. Der Körper bildet mehr und mehr jener Enzyme, die dafür sorgen, dass der Organismus die nötige Energie aus den Fettreserven holt. Bewegung erzeugt einen Schlüsselreiz, der die Fettverbrennungsmaschine wieder anwirft. Sie verbrennen Fett während Sie laufen. Und das Beste ist: Ein durch Laufen trainierter Körper verbrennt auch im Ruhezustand mehr Energie. Sie verbrennen auch Fett, während Sie am Schreibtisch sitzen oder Schlafen. Durch den so genannten Afterburn-Effekt.

Was bedeutet Afterburn-Effekt?

Afterburn heißt: Nachbrennung. Und bedeutet: Je nach Art und Dauer der Belastung durch das Laufen ist hinterher der Energie-Verbrauch noch deutlich gesteigert – bis zu 15 Stunden lang. Sie verbrennen also nicht nur während des Trainings Kalorien, sondern auch in der Regeneration. Dafür gibt es vier Gründe:

- Erstens werden die Glykogen-Speicher wieder aufgefüllt.
- Zweitens ist das Blut mit mehr Sauerstoff angereichert.
- Drittens müssen bewegungsbedingte Stoffwechsel-Schlacken (Laktate) abgebaut werden.
- Viertens bleibt die Wärmeabgabe des Körpers (Thermo-genese) weiterhin angekurbelt.

Das Fettverbrennungs-Training

Der langsame, lange Dauerlauf

Wenn es der Trainingszustand zulässt: Laufen Sie mindestens 45 bis 60 Minuten in ruhigem Tempo, also mit 65 bis 70 Prozent der maximalen Herzfrequenz. Am Anfang einer Trainingseinheit werden vor allem Kohlenhydrate verbrannt. Aber im Laufe der Zeit steigt und steigt der Anteil des Fetts bei der Energieversorgung.

Deutlich abnehmen können Sie, wenn Sie Ihr Trainingspensum noch einmal deutlich verlängern – auf eineinhalb bis zwei Stunden. Bei dieser Belastungsdauer werden die Kohlenhydrat- und schließlich die Fettspeicher stark angegriffen und geleert. Allerdings: So lange Distanzen setzen aber auch eine längere Lauferfahrung und eine gute Trainingsverfassung voraus.

Das Tempotraining

Lange, langsame Dauerläufe sind also optimal, um die Fettverbrennung auf Touren zu bringen. Nur: Dafür muss man sich eben auch reichlich Zeit nehmen. Wer diese Zeit nicht hat, kann die Qualität seines Trainings auf andere Weise erhöhen: auf die Tube drücken. Je schneller Sie laufen, umso mehr Kalo-

? Brennwert	**Die Übersicht:** Wie viel Kalorien bei welchem Körpergewicht und Tempo in 10 min. verbrannt werden.					
	7:30	**6:15**	**5:30**	**5:00**	**4:20**	**4:00**	**3:45**
59,0 kg	78	96	108	122	137	148	156
63,5 kg	85	106	117	133	149	160	170
68,0 kg	90	113	124	141	158	170	180
72,5 kg	97	121	133	152	170	183	194
77,0 kg	102	128	141	160	179	192	204
81,5 kg	109	136	150	170	191	205	218
86,0 kg	115	143	157	178	200	216	230
90,5 kg	121	151	166	189	212	228	242

Die Angaben basieren auf Daten des Compendium of Physical Activities im Journal Medicine and Science in Sports and Exercise, dem offiziellen Organ des American College of Sports Medicine (1993)

Die Zahlen sind Richtwerte, weil auch Streckenprofil, Wind, Temperatur oder Bodenbeschaffenheit in die Rechnung hinein spielen.

rien verbrennen Sie auch. Unlängst wurde eine Studie der Universität Texas veröffentlicht, die bestätigt: Läufer, die schnelleres Tempo anschlagen, verbrennen pro Minute zusätzlich ein Drittel mehr Fett als Langsamläufer.

Powern Sie beim Tempotraining 20 bis 30 Minuten am Stück im Bereich 80 bis 85 Prozent der maximalen Herzfrequenz.

Das Intervalltraining

Das Prinzip beim Intervalltraining: Starke Belastung (bis etwa 85 Prozent der maximalen Herzfrequenz) wechselt mit kurzen Erholungsphasen. In diesen Pausen laufen Sie langsam weiter (Sie können auch traben oder gehen) – und zwar so lange, bis sich der Puls auf etwa 120 Schläge pro Minute eingependelt hat.

Achtung: Wenn die Erholungs-Herzfrquenz nach drei Minuten immer noch über 120 Schläge pro Minute liegt, müssen Sie Ihr Tempo beim nächsten Intervall ein bisschen drosseln.

Krafttraining

Wer Gewicht verlieren will, muss Muskeln aufbauen. Studien haben eindeutig gezeigt, dass der Kalorienverbrauch beim Laufen umso höher ist, je mehr Muskulatur man mit auf die Strecke bringt. Der Energieverbrauch während der Belastung ist durch eine größere Muskelmasse deutlich erhöht. Außerdem erhöht sich auch der Ruhestoffwechsel mit zunehmender Muskelmasse.

> **Muskeltraining**
>
> ist vor allem für ältere Menschen wichtig. Vom 20. bis zum 70. Lebensjahr nimmt die Muskulatur um 30 bis 40 Prozent ab. Ursache dafür: Mangel an Bewegung und sportlicher Aktivität. Mit dosiertem Krafttraining lässt sich der Abbau aufhalten.

Nun ist es ja leider eine natürliche Begleiterscheinung des Älterwerdens, dass sich auch Muskelmaße abbaut. Dieser Prozess setzt spätestens Mitte 30 ein. Mit dem Fatburning läuft es also noch besser, wenn Sie nicht nur regelmäßig laufen, sondern im Fitnessstudio durch Krafttraining gezielt mehr Muskelmasse aufbauen. (Siehe auch Seite 150)

Ernährungs-Strategien

Reichlich Trinken fördert den Fettabbau

Wenn der Organismus Fett verbrennt, fallen reichlich saure Stoffwechselprodukte an. Die Nieren arbeiten auf Hochbetrieb. Deshalb müssen wir noch mehr trinken: mindestens aber zwei Liter (kalorienarme) Flüssigkeit. Am besten Wasser, Mineralwasser, stark verdünnte Obstsäfte (Apfelschorle), Gemüsesäfte, Trinkmolke, Kräutertee, Früchtetee oder grünen Tee.

Kaffee zählt nicht in der Flüssigkeits-Bilanz. Denn Koffein ist harntreibend, es entzieht also Flüssigkeit. Wer auf Kaffee nicht verzichten mag, sollte zu jeder Tasse mindestens ein Glas Wasser zusätzlich trinken.

Entschlackungs-Tag

Gönnen Sie Ihrem Körper einmal pro Woche eine Entlastung. Treten Sie beim Essen kürzer. Nehmen Sie nur Nahrung zu sich, die leicht verdaulich ist und den Organismus entschlackt und entlastet. Verzichten Sie mal ganz auf Kaffee, Alkohol, Süßigkeiten. Geben Sie Ihrem Stoffwechsel einen Urlaubstag.

Am besten am Wochenende, denn nicht nur der Körper, auch Ihre Seele soll mal einen Tag Ferien nehmen. Effekt der Blitzkur: Weil Sie vermehrt Wasser ausscheiden, werden auch Schlacken und Giftstoffe, die sich im Gewebe, in den Zellen und Gelenken angesammelt haben, ausgespült. Besonders Ihre Nieren werden jubeln, und auch Ihre Haut wird glatter, die Haare glänzender.

Obsttag

Essen Sie Obst über den ganzen Tag verteilt. Zum Beispiel Äpfel in verschiedenen Variationen:

- ⊙ Morgens ein Glas Wasser mit 2 Esslöpfeln Apfelessig und Apfel-Müsli (mit Magerjoghurt).
- ⊙ Zwischendurch einen geschälten Apfel mit etwas Zitronensaft.
- ⊙ Mittags wieder den Apfelessig-Drink und Apfel-Sellerie-Salat.

⊙ Abends: Wieder den Apfelessig-Drink und zwei geriebene Äpfel mit Zitronensaft und einer Prise Zimt.

Nehmen Sie sich Zeit. Essen Sie nur soviel, bis Sie leichte Sättigung spüren. Klar, trinken Sie reichlich: zwei Liter Wasser oder Kräutertee.

Safttag

Sehr spartanisch, diese Methode: Sie kommen nur mit Säften über die Runden. Und zwar werden Sie einen Liter Obst- und Gemüsesaft trinken, über den Tag verteilt auf fünf Portionen. Besonders wertvoll, wegen seiner Antioxidantien: Tomatensaft.

Trinken Sie in kleinen Schlucken. Außerdem sollten Sie mindestens noch mal eineinhalb Liter Wasser trinken.

Fatburner, die zusätzlich ankurbeln

Die Fettverbrennung lässt sich auch mit ganz natürlichen Mitteln stimulieren und in Gang setzen – mit Hilfe von lipolytischen Substanzen. Sie laufen inzwischen unter dem populären Begriff Fatburner. Das sind keine geheimnisvollen Wunderstoffe, sondern Vitalstoffe, die helfen, wichtige Hormone zu bilden. Sie sind immer schon Teil unseres genetischen Programms. Wir müssen sie bloß wecken und clever nutzen.

Jod

Jodmangel macht dick. Wenn unserem Körper Jod fehlt, fehlt Treibstoff für den Stoffwechselmotor, die Schilddrüse. Das Schilddrüsen-Hormon Thyroxin dient als Zündfunke für die Fettverbrennung. Es besteht aus Jod und der Aminosäure Tyrosin, die in Milchprodukten, Käse, Seefischen und Soja steckt.

Magnesium

Der Mineralstoff Magnesium organisiert die Sauerstoffversorgung der Zellen – und damit auch die Fettverbrennung. Denn ohne Sauerstoff verbrennt kein Fett. Magnesium ist zwar in Bananen, Nüssen, Samen, Kernen, Kartoffeln und auch Käse enthalten – doch leider nicht genug. Es empfiehlt sich daher, das Leistungsmineral Magnesium pur (täglich 300 bis 600 mg) zuzuführen.

Carnitin

Dieser wichtige Eiweißstoff transportiert das Fett aus dem Blut heraus in die Zellen – zur Verbrennung. Leider produziert der Körper nur eine geringe Menge Carnitin – und auch nur dann, wenn ausreichend Vitamin C, Vitamin B6 und Eisen zur Verfügung stehen. Den höchsten Carnitingehalt weist Lammfleisch auf, aber auch Geflügel und Milchprodukte sind gute Carnitinquellen.

Zink

Zink baut Eiweißstrukturen, also Muskeln auf und stimuliert zusammen mit Eiweiß den Körper zur Produktion von Testosteron – das Hormon für innere Kraft und Antrieb. Wenn Sie sich oft lustlos und schlapp fühlen, kann die Ursache auch zu niedrigen Testosteronspiegel sein. Täglich 15 Milligramm Zink können für mehr Power sorgen.

Californian Nightburner

Essen Sie vor dem Schlafengehen einen Happen Eiweiß pur (Roastbeef, Hähnchenfleisch, Forellenfilet, Tofu). Dazu frisch gepressten Zitronensaft trinken. Die Zitronensäure verwandelt das Eiweiß perfekt zu Aminosäuren, die über das Blut zur Hirnanhangdrüse strömt. Die Produktion der Wachstumshormone kommt auf Hochtouren.

Taurin

In den Werbeversprechungen für Energy-Drinks verleiht der Eiweißstoff Taurin Flügel. Er hilft der Hirnanhangdrüse, ihre Hormone zu verschicken, vor allem das Wachstumshormon, das fettschmelzende Wirkung besitzt. Taurin spielt auch im Gallensäure-Stoffwechsel, also bei der Fettverdauung eine Rolle. Der natürliche Schlankmacher Taurin steckt in Leber, Krabben und Muscheln.

Methionin

In der Fettverbrennung mischt die Aminosäure Methionin mehrfach mit: Unter anderem beim Abtransport der Fette zur Verbrennung und bei der Bildung von Stresshormonen, die schließlich zehren. Methionin steckt in Leber, Eigelb, Fisch, Geflügel, Soja, Käse, Joghurt, Linsen.

Noradrenalin

Das positive Stresshormon Noradrenalin sorgt dafür, dass besonders viel Fett in Energieschübe umgewandelt wird, die uns ermöglichen, sofort Höchstleistung zu bringen. Wenn Noradrenalin gebraucht wird, schüttet die Nebenniere es aus, schickt es in die Blutbahn, und es landet blitzschnell in der Fettzelle, um sofort Fett für die Energiegewinnung abzusaugen.

Somatotropin

Somatotropin heißt ein in der Hirnanhangdrüse (Hypophyse) gebildetes Wachstumshormon, das während unseres Schlafs für die Erneuerung von Körpergewebe sorgt. Diese gewaltige Arbeit kostet natürlich Energie – Energie, die aus Fettverbrennung kommt. Für reibungsloses Funktionieren muss auch hier hochwertiges Eiweiß zur Verfügung stehen, außerdem Vitamin C, B6 und die Spurenelemente Zink und Mangan.

Glukagon

Das Hormon wird in der Bauchspeicheldrüse gebildet und ist ein Gegenspieler des Dickmachers Insulin. Seine Bildung ist abhängig von hochwertiger Eiweißzufuhr (Joghurt und Quark, Fisch, Geflügel, Lamm, mageres Rindfleisch). Glukagon sorgt dafür, dass Fett aus den Fettspeichern gesaugt und zur Energiegewinnung herangezogen wird.

10 Tipps
für dauerhaftes Abnehmen

01 Vergessen Sie Diäten. Stellen Sie schrittweise, aber konsequent die Ernährung um. Dauerhaft.

02 Essen Sie sich satt – mit Obst, Brot, Gemüse.

03 Fett macht fett. Also meiden Sie Fettes und Süßigkeiten, wann immer es geht.

04 Lernen Sie, auf Ihren Körper zu hören. Fragen Sie sich: Hab ich wirklich Hunger?

05 Essen Sie langsam und achten Sie darauf, wann Sie satt sind.

06 Verbote sind verboten. Verbannen Sie nichts, was Sie mögen. Also kein Totalverzicht von Süßigkeiten, sonst werden Sie bald vom Heißhunger terrorisiert.

07 Machen Sie das für sich klar: Was immer Sie tun – Sie tun es nur für sich. Sie stellen Ihre Gewohnheiten nicht für andere um – Sie wollen nur sich einen Gefallen tun.

08 Seien Sie großzügig mit sich. Selbst wenn Sie zwischendurch mal über die Stränge schlagen – na und? Wichtig ist: Behalten Sie Ihr Ziel im Auge, verfolgen Sie es langfristig, geduldig, beharrlich.

09 Vor allem: Bewegung – soviel es geht. Durch Training kurbeln Sie den Stoffwechsel an und Sie verbrennen zusätzlich Energie.

10 Bleiben Sie mit Spaß bei der Sache. Nur was Spaß macht, hat Erfolg.

Die Trainings-Alternativen

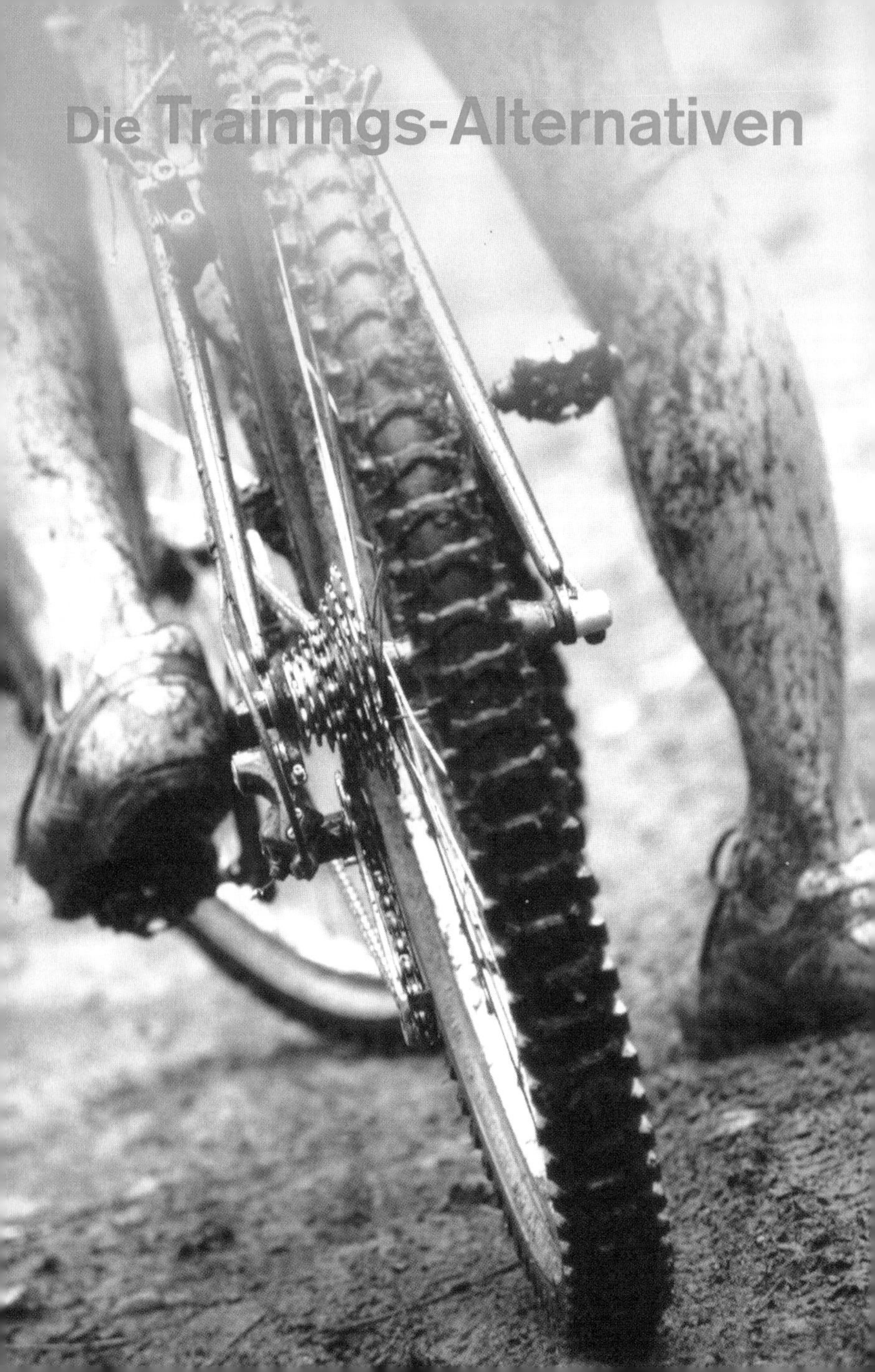

Laufen ist immer gut, doch manchmal ist **Abwechslung** besser

Laufen ist unbestritten das ideale Training für die Gesundheit und zum Abnehmen. Trotzdem sollten Sie auch Alternativen in Ihr Bewegungs-Programm einbauen. Warum? Sie laufen dann nicht Gefahr, sich einseitig zu belasten. Sie können der schlechten Witterung entkommen. Außerdem bringt Abwechslung mehr Spaß in den Trainingsalltag. Der wichtigste Vorteil: Wenn Sie Alternativen zum Laufen in den Trainingsplan einbauen, werden auch Muskelgruppen trainiert, die beim Laufen zu kurz kommen. Sie verbessern also nicht nur die Kondition, sondern auch Flexibilität, Kraft und Koordination.

Warum ist alternatives Training empfehlenswert?

Je vielseitiger, kräftiger und athletischer Ihr Körper ausgebildet ist, umso leichter vermeiden Sie Fehl- oder Überbelastungen oder muskuläres Ungleichgewicht (Dysbalancen) – und umso geschickter stellen Sie sich beim Laufen an.

Noch eine weitere wichtige Nebenwirkung vom so genannten Cross-Training: Die Verletzungsgefahr ist geringer, weil mehr Raum für Regeneration bleibt.

Welche Sportarten gut fürs Laufen sind

- Walking
- Schwimmen
- Radfahren
- Inline-Skating
- Aquajogging
- Seilspringen (Rope Skipping)
- Das Laufband
- Skilanglauf
- Aerobic
- Krafttraining

Sie wollen Ihren Trainingsalltag spannender machen? Sie möchten den Spaß beim Laufen erhalten und zusätzlich fördern? Sie wollen pro Woche vielleicht eine oder zwei zusätzliche Trainingseinheiten einrichten? Dann wählen Sie eine passende Sportart aus. Die Dauer Ihres Cross-Trainings sollte mindestens 20 Minuten, besser 30 bis 40 Minuten betragen, zuzüglich Warm up und Cool down.

5 Gründe
für alternatives Training

01 Neuer Reiz: Sie bringen damit zusätzlichen Spaß in den Trainingsalltag, Sie verhindern Trainingsmüdigkeit. Neue Reize bedeuten neue Impulse.

02 Kraftzuwachs: Die Muskulatur kann bei Abwechselung effizienter und besser arbeiten. Das erhöht die Ökonomie beim Laufen.

03 Mehr Belastbarkeit: Denn einseitiges Lauftraining birgt die Gefahr von Überbeanspruchung der Gelenke und Beinmuskulatur. Die Hauptmuskeln werden durch »Hilfs- muskeln« unterstützt.

04 Mehr Fettverbrennung. Einfache Rechnung: Mit jeder Trainingseinheit mehr sind Sie zusätzlich in Bewegung – und verbrennen mehr Kalorien.

05 Neue Motivation: Abwechslung im Training bringt garan- tiert neuen Schwung fürs Laufen.

Allerdings: Wenn Sie vor dem Training schon erschöpft sind oder wenn Sie das subjektive Gefühl von Übertraining spüren, sollten Sie Ihren Körper nicht zusätzlich belasten. Geben Sie ihm dann lieber Zeit zur Regeneration.

Aerobic

Überlaute Wummermusik und temperamentvolle Trainer, die unermüdlich auf die Tube drücken – so stellen wir uns immer noch Aerobic vor. Manche törnt das ab. Besonders die Männer. Dabei ist Aerobic nicht nur gut für Frauen, auch Läufer könnten von Aerobic profitieren. Der Reiz: interessante Abwechslung in einer völlig anderen Kulisse. Es kann stimulieren, wenn attraktive Vorturner(innen) mit ihren Motivationskünsten beim Mitmachen und Durchhalten helfen.

Aerobic entwickelt sich weiter und weiter. Inzwischen ist die Szene durch spezielle, immer neue Varianten bereichert: von Box-Aerobic (z. B. Tae Bo) bis Pump (Power-Training mit Hanteln), von Step Aerobic (mit einer höhenverstellbaren Plattform, die besonders fordert) bis Slide-Aerobic (auf einer Unterlage gleitend).

Längst hat sich in den Fitness-Studios das schonendere Low-Impact-Aerobic durchgesetzt, bei der immer mindestens ein Fuß auf dem Boden bleibt. Durch Aerobic werden wichtige Muskelgruppen (Oberschenkel, Bauch, Schultern) gekräftigt, vor allem wird spielerisch die Bewegungskoordination geschult, es spricht die motorischen Fähigkeiten an und verbessert die allgemeine Ausdauer. Step-Aerobic ist eine perfekte Kombination von aerobem Training und Krafttraining. Aerobic allgemein:

⊙ verbessert die Ausdauer, schult die Bewegungskoordination,
⊙ kräftigt wichtige Muskelpartien,
⊙ macht gute Laune und verbessert das Körpergefühl.

Langsam Auf- und Abwärmen

Die Aufwärmphase ist ein Muss. Deshalb lassen es gute Aerobic-Trainer in den ersten Minuten erst mal ruhig angehen, damit sich die Muskulatur aufwärmen und geschmeidig werden kann. Die Stunde sollte übrigens auch nicht abrupt enden – auch das wäre eine unnötige Belastung für den Organismus. Lassen Sie es langsam ausklingen.

Aquajogging

Die Heilkraft des Wasser, die Kultur der Badehäuser, sportive Aktivitäten (z. B. Wassertreten) – all das ist seit den alten Griechen, Römern und Azteken bekannt und beliebt. Vor ein paar Jahren wurde gesunder Wasser-Spaß unter dem Oberbegriff Aquafitness wieder hochgespült. Aquarobic, Hydropower, Aquastep – so heißen neue Disziplinen. Für Läufer gewinnt Aquajogging zunehmend an Bedeutung. Besonders bei oder nach Verletzungen bewährt es sich als gelenkschonendes Aufbau- und Ausdauertraining, denn Sie prallen nicht auf den harten Untergrund auf.

Beim Aquajogging wird die gesamte Körpermuskulatur gekräftigt. Ein spezieller Auftriebsgürtel sorgt für einen stabilen Schwebezustand im Wasser. So lassen sich die Bewegungsabläufe des Laufens spielend nachvollziehen. Ihre Herzfrequenz wird, je nach Wassertemperatur, geringer sein als »an Land«, die Regeneration geht schneller.

Wie sollte ich Aquajogging gestalten?

Eine Trainingseinheit sollte anfangs rund 20 Minuten dauern. Später können Sie Ihr Pensum erhöhen. Nehmen Sie sich zunächst drei Intervalle vor:

⊙ Knapp zehn Minuten im Wasser aufwärmen.
⊙ Zwei Minuten mit scharfem Tempo laufen.
⊙ Zwei Minuten in langsamen Joggingrhythmus.

Laufband

Bei dem Ding laufen immer noch viele Vorurteile mit und viele Läufer strafen es noch mit Missachtung. Stimmt, Laufen auf dem Laufband – das ist eine gewöhnungsbedürftige Sache. Stimmt, es kann ziemlich öde und langweilig sein. Schließlich gibt es unterwegs nichts zu sehen (es sei denn, Sie laufen vor

Ihrem Fernseher) und man kommt auch nicht von der Stelle. Meist steht das Laufband in einer eher trostlosen Umgebung, zum Beispiel im Keller. Außerdem ist die Anschaffung nicht gerade billig. Ein gutes Gerät für daheim kostet rund 1500 Euro.

Doch ein Laufband hat Vorteile. Nach Verletzungen zum Beispiel, in der Regenerationsphase, empfiehlt sich Training auf dem Laufband, weil der Untergrund fast vergleichbar ist mit Waldboden – denn ein (gutes) Laufband federt leicht.

6 Gründe für Laufband-Training

01 Im Winter: Wenn es draußen düster, neblig, windig, regnerisch, kalt ist, würden Sie ohne Indoor-Trainingsmöglichkeit manche Laufeinheit sicher gerne sausen lassen.

02 Bei Hitze: Wenn es draußen zu heiß ist oder zu hohe Luftfeuchtigkeit hat, läuft es sich im klimatisierten Fitness-Studio oder daheim einfach leichter.

03 Für die Partnerschaft: Wenn Sie gemeinsam mit Ihrer Frau, dem Mann, dem Freund, der Freundin trainieren und sie/ihn ins Fitness-Studio begleiten möchten.

04 Für Steigungen: Wenn Sie Hügeltraining ohne hartes Berganlaufen simulieren wollen (der Steigungsgrad lässt sich bequem einstellen).

05 Für Tempotraining: Wenn Sie mal kontrolliert hohes Tempo laufen wollen. Auf dem Laufband lassen sich die Distanz und die gewünschte Belastung zuverlässig programmieren.

06 Für die Sicherheit: Wenn Sie keine Lust auf Straßenglätte oder nächtliche Lauf-Abenteuer haben.

Außerdem gibt es keine einseitigen Belastungen, denn auf dem Laufband geht es ja immer nur geradeaus.

Wie sollte ich auf dem Laufband trainieren?

Beginnen Sie mit Gehtempo, um sich an das Laufband zu gewöhnen. Tasten Sie sich langsam an höheres Tempo heran.

⊙ Zunächst 10 Minuten locker warm laufen.

⊙ Dann 15 Minuten intensiveres Tempo laufen.

⊙ Zum Schluss fünf Minuten langsamer werden, auslaufen, bloß nicht abrupt abstoppen – sonst können sich Schwindelgefühle einstellen. Am besten wären in den letzten ein, zwei Minuten wieder Gehschritte.

Walking

Walking ist aufrechtes, lockeres, aber bewusstes, zügiges Gehen. Ein bisschen schneller als Spazierengehen, ein bisschen langsamer als Jogging. Arme, Beine und Becken bewegen sich in einem gleichmäßigen, harmonischen Rhythmus. Auf simple Weise wird der ganze Körper trainiert. Bei betontem Armeinsatz wird der Puls um 10 bis 15 Schläge pro Minute gesteigert.

> Beim Walking wird auf simple Weise der ganze Körper trainiert. Bei betontem Armeinsatz wird der Puls um 10 bis 15 Schläge/pro Minute gesteigert.

Beim Walking werden dieselben Muskelgruppen beansprucht wie beim Laufen – aber hier ist die Stauchbelastung wesentlich geringer.

Der erfahrene Laufexperte Herbert Steffny schreibt in seinem Buch *Walking* über die Chancen eines sanften Quereinstiegs: »Walking kann Durchgangsstation zum Laufen sein – oder auch eine Sportart fürs Leben bleiben. Viele Läufer sind froh, dass es in ihrem Lauftreff eine Walkinggruppe gibt. Walking stellt den idealen Kompromiss dar, wenn die Teilnehmer unterschiedlich trainiert, nach Verletzungen, Trainingspausen, Schwangerschaft vorübergehend nicht voll belastbar sind. Möglicherweise beginnt man zunächst im Walktreff, lernt Laufen – vielleicht sogar bis zum Marathon – und ist in höherem Alter wieder Walker. Das Angebot in einer Walkinggruppe schenkt skeptischen Fitness-Einsteigern Vertrauen.«

Es war der Lauf-Pionier Dr. Ernst van Aaken, der diese Methode populär machte: das Lauftraining durch Gehpausen unterbrechen (mindestens vier, bis zu zehn Minuten, wenn Sie regenerieren wollen). So können Sie schneller werden, ohne sich zu überfordern, und länger laufen, ohne sich zu erschöpfen.

---

6 Gründe, die für Walking sprechen

01 Einfache Technik: Walking ist wahrlich nicht kompliziert, sondern eine natürliche Sache, die jeder schnell (wieder) lernen kann – auch im (höheren) Alter.

02 Geringer Aufwand: keine teuere Ausrüstung nötig, hohe Effizienz in geringer Zeit möglich.

03 Zum Aufwärmen vor dem Lauftraining, wenn Sie Ihren steifen, kalten Körper schonend in Gang kriegen wollen.

04 Beim Cool down nach dem Lauftraining. Je härter Sie laufen, umso empfehlenswerter, wenn Sie zum Schluss ein paar Minuten Walking dransetzen.

05 Als Ersatz fürs Laufen, wenn Sie sich nicht hundert Prozent wohlfühlen, aber Bewegung wollen/brauchen.

06 Keine Erschöpfung bei längeren Laufdistanzen. Gehpausen können wirkungsvoller Teil des Intervalltrainings sein.

Schwimmen

Schwimmen macht fit und hält fit – das ist unbestritten.
Beim Schwimmen werden zahlreiche Muskelgruppen (besonders die oft verspannten Schultern und die beim Laufen vernachlässigten Bauchmuskeln) trainiert sowie Ausdauer und Koordinationsfähigkeit geschult.

Schwimmen ist der gesündeste Sport überhaupt! Das liegt zuerst einmal daran, wo es stattfindet: Durch den Auftrieb befreit das Wasser den Menschen weitestgehend von der Last der Schwerkraft, was ein gewichtiger Pluspunkt für Übergewichtige ist. Denn diese schonende Art der Bewegung schadet den Gelenken nicht.

Weil Wasser eine ungefähr tausendmal höhere Dichte als Luft hat, werden beim Schwimmen alle Bewegungsabläufe verlangsamt und abgebremst, sie lassen sich in jeder Phase kontrollieren. Das minimiert die Verletzungsgefahr.

Warum Schwimmen so viele Vorteile hat

Die Bewegung im Wasser stimuliert das Herz-Kreislauf-System, aber durch die relative Schwerelosigkeit im Wasser sind die Pulswerte geringer als beim Laufen. Der Herzschlag steigt beim Schwimmen nur um etwa 20 Prozent. Schwimmen härtet den Körper ab, stärkt das vegetative Nervensystem und ist – durch den Auftrieb – schonend für Gelenke und Wirbelsäule. Wer untrainiert ist, hat im Wasser einen großen Vorteil: Man kommt beim Schwimmen nicht so leicht außer Atem wie etwa beim Laufen. Dafür gibt es eine einfache Erklärung. Die Wassertemperatur ist in aller Regel geringer als die Körpertemperatur. Weil die Haut weniger stark durchblutet wird, kommt mehr Blut zur arbeitenden Muskulatur – der Pulsschlag steigt also weniger stark an.

Im Wasser muss der Körper übrigens gegen einen zwölfmal höheren Widerstand ankämpfen als an Land. Das erfordert enormen Körpereinsatz. Der Kalorienbedarf für eine halbe Stunde

Schwimmen beträgt rund 400 Kalorien. Denn durch den Temperaturunterschied von Wasser und Körper arbeitet der Stoffwechsel auf Hochtouren.

Schwimmen erfasst und stimuliert den ganzen Körper. Es fördert insgesamt Lockerheit, Geschmeidigkeit, Koordination.

Wie sollte eine Trainingseinheit aussehen?

⊙ Schwimmen Sie bis zu eine Stunde lang. Alle fünf Minuten mal eine Minute lang Tempo machen. Oder:

⊙ Schwimmen Sie eine halbe Stunde. Zunächst 15 Minuten in ruhigem Tempo (zum Aufwärmen). Dann zwei Minuten fast so schnell wie Sie können. Dann immer abwechselnd zwei Minuten langsam, zwei Minuten schnell – vier Intervalle. Später, nach einer Gewöhnungsphase, können Sie den Umfang natürlich noch steigern.

---

5 Tipps für vernünftiges Schwimmen

01 Die Wassertemperatur sollte 24 bis 28 Grad betragen, um Auskühlung, Blasenbeschwerden oder einen Hexenschuss zu vermeiden.

02 Tragen Sie eine Schwimmbrille (wenn Sie auf Chlor reagieren) und im Bad Schlappen (Fußpilz!).

03 Verlassen Sie das Wasser, wenn Ihnen kalt wird.

04 Reiben Sie sich nach dem Schwimmen mit einem dicken Frotteetuch gründlich trocken, ziehen Sie die nasse Badekleidung sofort aus.

05 Machen Sie einen Bogen um die Desinfektionsschläuche. Diese Mittel zerstören bloß die natürliche Hautflora.

Radfahren

Radfahren ist der ideale Ausgleichssport und außerdem ein Sport für alle Jahreszeiten des Lebens. Wichtig ist die Beinarbeit; Unter- und Oberschenkel-Muskeln werden dabei besonders intensiv beansprucht. Aber der Radsport stärkt auch die Lungenfunktion, kräftigt das Herz und hat einen positiven Einfluss auf den Blutdruck, gerade bei »Niederdrücklern«.

> Radfahren ist wirksam wie Skilanglauf, man hat aber längst nicht so extreme Belastungsspitzen wie beim Joggen. Beim Radfahren ist die Gefahr geringer, weil sich die Anstrengung gut dosieren lässt.

Ideal ist Radtraining auch, wenn mal eine Fußverletzung plagt. Wenn Sie aufs Rad umsteigen, ist keine Trainings-Zwangspause nötig. Wer Probleme mit der Bandscheibe hat, sollte aufrecht sitzen. Deshalb sind in diesem Fall ein Rennrad oder Mountainbike ungeeignet. Besser: ein vollgefedertes Hollandrad.

In seinen positiven Aspekten ähnelt Radfahren dem Skilanglauf, und man hat dabei längst nicht so extreme Belastungsspitzen wie beim Joggen. Beim Radfahren ist die Gefahr geringer, weil sich die Anstrengung gut dosieren lässt. Mit dem richtigen Gerät kann man lange Strecken fahren, ohne große Kraftanstrengung, aber mit großem Effekt für die Psyche: Natur-Erleben, frische Luft, Freiheitsgefühl.

Was beim Radfahren zu beachten ist

Grundsätzlich ist Radfahren ein Sport für jeden. Der Körper wird sinnvoll trainiert, ohne dass die Gelenke dabei stark beansprucht werden. Der Puls beim Radfahren ist rund 15 Schläge pro Minute niedriger als beim Laufen. Übertreiben Sie nicht. Häufigster Fehler: Wenn Sie sich mit zu hohen Gängen abquälen. Eine höhere Trittfrequenz (90 bis 110 Umdrehungen pro Minute) ist viel wirkungsvoller.

Ein gesunder Mensch kann beim Radfahren kaum etwas

falsch machen. Sicher, auf Bergstrecken geht der Puls unter Umständen schon mal auf 180 hoch – aber eine Gefahr besteht nur dann, wenn man seine Leistungsfähigkeit stimuliert (verbotenes Doping). Anfänger sollten langsam beginnen: pro Woche zwei bis dreimal jeweils eine Stunde. Später sind auch längere Touren günstig. Und so könnte eine Trainingseinheit aussehen:

⊙ Zum Aufwärmen ein paar Minuten gemütlich einrollen.
⊙ Dann eine halbe Stunde forciert fahren.
⊙ Alternativ: Drei Intervalle (jeweils fünf Min.) mit hoher Trittfrequenz (90 bis 110 Umdrehungen/Min.).
⊙ Dazwischen jeweils eine Minute locker fahren.

Wer so trainiert, holt für die Kondition und das Herz-Kreislauf-System das Optimale heraus.

Inline-Skating

Wenig Aufwand, viel Spaß. Wer auf den neuen Modesport umsteigt, kann auf rasante und spannende Weise alternativ was für sich tun. Rund zwölf Millionen fahren hierzulande schon auf Inline-Skating ab. Und auch Sie können bald locker 30 bis 40 Stundenkilometer schaffen. Es macht wirklich einen Heidenspaß. Allerdings: Auch hier ist aller Anfang schwer. Viele haben zunächst Panik vor dem Bremsen. Empfehlenswert: Machen Sie die ersten Versuche bei einer Skate-Schule.

Wofür ist Inline-Skating gut?

Regelmäßiges Inline-Skating eignet sich hervorragend, um Herz und Kreislauf fit zu halten. Die gleitende Bewegung belastet Fuß- und Kniegelenke deutlich geringer als beim Laufen. Sie trainieren, ähnlich wie beim Radfahren, besonders die Beinmuskulatur (Quadrizeps). Durch das notwendige Pendeln der Arme wird aber auch diese fürs Laufen wichtige Muskelgruppe trainiert.

Allerdings dürfen Sie die Sturzgefahr nicht unterschätzen.

Jeder sechste Jugendliche und jeder zwölfte Erwachsene hat schon mal ernste Blessuren davongetragen. Drei Viertel dieser Verletzungen mussten ärztlich behandelt werden. Meist werden die Extremitäten in Mitleidenschaft gezogen.

Besonders gefährdet sind die Unterarme und Hände. Denn bei einem Sturz versucht fast jeder, sich abzustützen. Am häufigsten sind Schürfwunden, Gelenkverstauchungen, aber auch Brüche. Übrigens: Nach einer neueren Studie trugen 51 Prozent der Verunglückten keine Schutzausrüstung. Fahrlässig!

Wie sollte ich trainieren?

Auch fürs Inline-Skating gilt: Bevor Sie loslaufen, sollten Sie unbedingt ein paar Stretching-Übungen machen. Beginnen Sie immer schön langsam, ohne Hektik. Wenn Sie das Tempo schließlich steigern, dann nur soweit, dass Sie mit anderen noch reden, also noch frei durchatmen können. Dieses intensivere Tempo sollten Sie anfangs nicht länger als zehn Minuten durchziehen. Nach ein paar Wochen werden Sie dann sicher in der Lage sein, eine halbe bis ganze Stunde zügig zu rollen.

Krafttraining

Stimmt, Ausdauer ist fundamental wichtig. Aber Ausdauersport allein reicht noch nicht, wenn Sie bis ins hohe Alter fit bleiben wollen. Um den ganzen Muskelapparat in Harmonie zu halten, ist auch gezielte Kräftigung nötig – also regelmäßiges Krafttraining. Im Laufe des Lebens bildet sich die Muskelmasse zurück. Das ist leider so. Bis zum 70. Lebensjahr kann der (inaktive) Mensch ein Drittel, manchmal sogar bis zu 40 Prozent seiner jugendlichen Muskulatur und Kraft eingebüßt haben. Gleichzeitig nimmt der Körperfettgehalt erheblich zu. Dieses muskuläre Defizit, besonders an Rücken, Bauch und Gesäß ist häufig Auslöser für degenerative Erkrankungen des Bewegungsapparates.

Was Krafttraining bringt

Wer gezielt mit Hanteln an seinen Muskeln arbeitet, stärkt Physis und Psyche. Und Sie wissen ja: Je mehr Muskulatur Sie haben, umso mehr Fett können Sie verbrennen – denn Fett verbrennt nur in der Muskulatur. Das richtige Workout kann nicht nur Ihren Körper, sondern Ihre gesamte Lebenseinstellung verändern. Denn über eine durch Krafttraining verbesserte Figur und Körperhaltung gewinnen viele Menschen an Vitalität und Selbstsicherheit. Es schadet also nichts, wenn Sie sich in einem Fitness-Studio anmelden und sich professionell anleiten lassen.

Für wen ist Muskeltraining wichtig?

Im Prinzip für jeden. Muskeltraining wird umso wichtiger, je älter Sie werden. Denn allmählich, mit jedem Jahr, bildet sich die Muskelmasse zurück. Gerade deswegen ist es wichtig, die Muskulatur mehrmals pro Woche zu belasten (z. B. auch Kniebeugen, Banksteigen), um sie kräftig und mobil zu halten.

> **Muskeltraining wird wichtiger, je älter Sie werden. Denn allmählich, mit jedem Jahr, bildet sich Muskelmasse zurück. In jedem Lebensjahrzehnt gehen immerhin zehn Prozent verloren.**

Muskeltraining stimuliert die Produktion des menschlichen Wachstumshormons (Somatropin). Dieses Master-Hormon wird von der Hypophyse ausgeschüttet, allerdings nur in der Tiefschlafphase und kurz vor dem Aufwachen. Das Wachstumshormon regt das Gewebewachstum an, erhöht die Grundspannung der glatten Muskulatur, die Festigkeit des Muskelgewebes und die Flexibilität; es baut Muskelmasse auf und sorgt für Wachstum von Knochen und Organen.

Wie oft ist Muskeltraining nötig?

Jeder, der gesund ist, kann jederzeit mit dem Muskeltraining beginnen. Perfekt, wenn Sie wöchentlich zwei- bis dreimal jeweils 30 bis 45 Minuten trainieren würden.

Wählen Sie beim Krafttraining die Gewichte immer so, dass Sie locker 15 Wiederholungen schaffen. Bei dieser Frequenz ist auch das Verhältnis von Zuwachs an Kraftausdauer zur Fettverbrennung optimal.

Krafttraining ist aber auch zu Hause möglich. Schaffen Sie sich zum Beispiel einen Satz Hanteln oder ein Thera-Band an. Allerdings lässt sich auch das eigene Körpergewicht fürs Krafttraining einsetzen. Als Übungen bieten sich regelmäßige Kniebeugen, Liegestütz oder gezieltes Treppensteigen an.

Skilanglauf

Beim Skilanglauf werden die Ausdauer und die Kraft trainiert – dadurch wird dieser »natürliche« Bewegungsablauf zu einem idealen Ausgleichssport für andere Disziplinen. Radfahrer holen sich hier Kondition, Schnelligkeit, Beweglichkeit. Tennisspieler, Boxer, Fußballspieler, sogar Schwimmer halten durch Skilanglauf ihre Form.

Auch diesen scheinbar kinderleichten Wintersport sollten Sie nicht ohne Vorbereitung ausüben. Ihre Muskulatur sollte schon an sportliche Arbeit gewöhnt sein. Gut, wenn Sie ohnehin regelmäßig joggen, Rad fahren oder wenigstens zügige Spaziergänge machen.

> Nichts stählt die Muskeln so sehr, nichts macht den Körper elastischer und geschmeidiger, nichts stärkt den Willen mehr, nichts macht den Sinn so frisch wie Skilanglaufen.
>
> *Fritjof Nansen*

Selbst beim Skilanglauf können Verletzungen drohen. Gefährdet sind vor allem die Sprunggelenke und deren Bänder. Relativ häufig sind Brüche im Unterarm-Bereich, meist in der Nähe des Handgelenks. Bei gutem körperlichen Zustand sind solche Verletzungen aber recht selten – alpiner Skilauf ist weitaus unfallträchtiger. Durch das Gleiten in der Loipe wirkt der Sport sanfter, die Stauchbelastung entfällt.

Wie sollte ich trainieren?

Ein effektives und sinnvolles Skilanglauf-Training könnten Sie so gestalten:

- ⊙ Erst 15 Minuten locker einlaufen.
- ⊙ Dann 20 Minuten mit intensiver Belastung gleiten.
- ⊙ Schließlich 15 Minuten locker auslaufen.

Skilanglauf ist als Ausgleichsport auch deshalb ideal, weil allein schon die Struktur der Landschaft ein natürliches Intervall-Training zur Folge hat. Das Geländeprofil gibt den Belastungs-Rhythmus spielerisch vor. Es gibt ja fast nirgends nur flache Strecken – mal geht es bergauf, mal bergab. Dieser stete Wechsel belastet den Körper optimal.

Rebouncing

Hinter dem hochtrabenden Wort verbirgt sich nichts anderes als Trampolinspringen – auf einem Mini-Modell. Der Sport-fachhandel bietet die flachen, cirka ein Quadratmeter kleinen Geräte ab etwa 50 Euro an.

Hopsen Sie drauflos. Es geht ganz leicht. Beim rhythmischen Spiel mit der Schwerelosigkeit werden Sie nicht nur Müdigkeit und Verspannungen los. Sie trainieren gleichzeitig 80 Prozent Ihrer Muskeln, ohne die Gelenke und Bänder zu strapazieren.

Zehn Minuten Rebouncing hat übrigens einen ähnlichen Nutzen wie eine halbe Stunde Joggen.

Die Risiken

Was ich tun sollte, wenn durch das Laufen etwas **falsch gelaufen** ist

Laufen ist gesund. In zahlreichen Studien wird immer wieder wissenschaftlich belegt, was Millionen Läufer ganz subjektiv an und für sich erleben: Laufen tut Körper und Seele gut.

Laufen wirkt, wenn Sie vernünftig dosiert trainieren, wie eine Medizin. In seiner Funktion als Präsident des Deutschen Sportärztebundes hat Professor Wildor Hollmann erklärt: »Es gibt kein Medikament und keine Maßnahme, die einen vergleichbaren Effekt hat wie das körperliche Training. Gäbe es ein solches Medikament mit solch hervorragenden Wirkungen und quasi ohne Nebenwirkungen, wäre der Arzt gehalten, es zu verschreiben.« Ein eindrucksvolles Plädoyer.

Die Gefahr der Überlastung

Wussten Sie, dass die Füße im Laufe eines Menschenlebens rund 50 Millionen Mal den Boden berühren? Das gilt für Bewegungsfaule. Wenn Sie Läufer sind, vielleicht sogar für einen Marathon trainieren, also pro Woche 50 Kilometer oder sogar noch mehr abspulen, summiert sich die Zahl der Bodenkontakte auf gut und gerne hundert Millionen. Arme Füße.

Laufen sieht so spielerisch aus. Doch die Leichtigkeit täuscht – beim Laufen sind ungeheure Kräfte im Spiel. Auch, wenn Läufer nur ihre Trainingsrunde drehen, mit ganz normalen Tempo.

Laufen ist Schwerstarbeit für den Körper. Wir sollten akzeptieren, dass unser Körper nur ein bestimmtes Maß an Beanspruchung verkraften kann. Die Grenze ist individuell unterschiedlich. Sie hängt von Alter, Umfang und

> **Schmerzen**
> sind eine natürliche Reaktion unseres Körpers. Schmerzen sind ein verlässliches Warnzeichen: Hier stimmt etwas nicht. Vermutlich verkraftet der Körper eine Belastung nicht, er bittet durch warnende Schmerzsignale um Ruhe und Schonung.

Intensität des Trainingspensums, von der Anatomie des »Fahrgestells« und dem Anteil des Körperfettes, von der Wahl der richtigen Laufschuhe und dem allgemeinen Trainingszustand des Läufers ab.

Bei einer großen Leserbefragung des Fachorgans *Runner's World* kam heraus, dass jedes Jahr die Hälfte aller Läufer ihr Trainingsprogramm unfreiwillig unterbrechen müssen – wegen Verletzungen.

Wie sich Verletzungen vermeiden lassen
Grundsätzlich gilt: Jeder hat seine Gesundheit selbst in der Hand. Sie können Verletzungen weitgehend vermeiden:
- Wenn Sie Ihr Training richtig dosieren.
- Wenn Sie auf die Signale Ihres Körper hören.
- Wenn Sie Ihrem Körper genügend Zeit zur Erholung geben.
- Wenn Sie Ihren Körper vor Überbeanspruchung bewahren.
- Wenn Sie regelmäßig Stretching betreiben.
- Wenn Sie optimale Laufschuhe tragen.
- Wenn Sie bei Dunkelheit, auf Schnee und Eis umsichtig laufen.

Trainieren Sie mit Augenmaß
Zu viel, zu oft, zu schnell – das sind die Trainingsfehler, die am häufigsten zu Verletzungen führen. Nach Trainingspausen müssen sich Muskulatur, Gelenke, Sehnen und Bänder erst wieder an die Belastung gewöhnen.

Eine Experten-Regel, die sich immer wieder als vernünftig bestätigt, lautet: Steigern Sie Ihr Trainingspensum pro Woche um höchstens zehn Prozent.

Also: Das Trainingsprogramm immer vorsichtig aufbauen. Das gilt besonders nach einer Verletzungspause. Steigen Sie mit halber Kraft wieder ein – reduzieren Sie Ihre Trainingsbelastung auf etwa 50 Prozent. Auch, wenn Sie für längere Zeit ausgesetzt haben, zum Beispiel im Winter. Die Statistik enthüllt: Im März und April verletzten sich die meisten Läufer, meist, weil sie zu rasch in die Vollen gehen.

Eine Experten-Regel, die sich immer wieder als vernünftig bestätigt, lautet: Steigern Sie Ihr Trainingspensum pro Woche um höchstens zehn Prozent.

Respektieren Sie (Schmerz-)Signale des Körpers

Schmerzen sind eine natürliche, segensreiche Reaktion unseres Körpers. Schmerzen sind immer ein verlässliches Warnzeichen, dass etwas nicht stimmt. Vermutlich verkraftet der Körper eine Belastung nicht, er bittet nun auf seine Weise – durch warnende Schmerzsignale – um Ruhe und Schonung.

Sie sollten solche Stopp-Signale immer ernst nehmen. Fragen Sie sich selbstkritisch: »Habe ich falsch trainiert?« Laufen Sie auf keinen Fall gegen einen Schmerz an. Selbst einen scheinbar harmlosen Muskelkater sollten Sie nicht einfach ignorieren. Betrachten Sie ihn als Aufforderung, vorübergehend etwas kürzer zu treten.

> **Laufen Sie auf keinen Fall gegen einen Schmerz an. Betrachten Sie ihn als Aufforderung des Körpers, vorübergehend etwas kürzer zu treten.**

Wenn Sie heftige Schmerzen spüren, sollten Sie sich umgehend bei einem im Sportmedizin ausgebildeten Arzt untersuchen lassen.

Überfordern Sie sich nicht!

Wenn Sie sich lustlos fühlen, wenn Sie schon vor dem Laufen erschöpft sind oder ein Stechen in der Muskulatur spüren – lassen Sie es langsam angehen.

Sie sollten in jedem Fall das gewohnte Laufpensum reduzieren:
- Bei größerer Hitze (über 28 Grad).
- Bei größerer Kälte (unter 10 Grad minus).
- Bei hoher Luftfeuchtigkeit (über 80 bis 85 Prozent).
- Bei erheblichem Schlafdefizit.
- Nervlich starkem Stress.
- Nach reichlich Alkoholkonsum.
- Wenn die Muskeln stark schmerzen.

7 Ratschläge für Trainingspausen

01 Wenn Sie beim Atmen ungewohnt auffällig keuchen oder unter Atemnot leiden.

02 Wenn Sie unangenehm müde sind.

03 Wenn Sie im Gesicht blass sind oder blaue Lippen haben.

04 Wenn Sie Schmerzen an Gelenken oder Sehnen spüren.

05 Wenn es über dem Brustbein schmerzt.

06 Wenn Sie ungewohnte Signale wie übermäßiges Schwitzen oder ein Schwindelgefühl spüren.

07 Wenn Sie Fieber haben.

Erste Hilfe

Fuß geprellt oder verstaucht? Schmerzen am Knie, an der Achillessehne oder der Schienbeinknochenhaut? Pech gehabt? Bei allen Akutverletzungen können Sie nach der P-E-C-H-Formel selbst Schadensbegrenzung betreiben:

P wie Pause (Ruhe),
E wie Eis (rasche Kühlung, mehrmals täglich 10 bis 15 Min.),
C wie Compression (Druck, z. B. durch elastische Binden),
H wie Hochlagern (bis zu 48 Stunden).

Diese Sofortmaßnahmen richten sich gegen die unvermeidliche Entzündung, die jeder Verletzung auf dem Fuße folgt. Auch eine Entzündung ist die normale Reaktion des Körpers auf eine

Verletzung. Die Symptome: Rötung, Schwellung, Schmerzen. Außerdem erhitzt sich der Entzündungsherd und der verletzte Körperteil ist nicht mehr voll funktionsfähig.

Ruhigstellung ist das Wichtigste. Ruhe kann Laufpause heißen oder auch Ausweichen (vgl. Kapitel »Trainings- Alternativen«) auf einen Ausgleichssport – je nach Art der Verletzung. Jedenfalls muss die Verletzung in Ruhe ausheilen können.

Übrigens: Keine Bange vor einem Trainingsrückstand. Studien zeigen: Erst nach zwei Wochen lässt die Ausdauerfähigkeit nach. Eine Woche (Zwangs-)Pause war wegen der Überlastung vielleicht sowieso fällig – der Körper »nimmt sich« seine Pause.

Typische Läufer-Beschwerden –
und was zu tun ist

Achillessehnen-Reizung

Sie ist ständig gefordert, ständig unter Spannung: Die Achillessehne. Sie dient als ca. 1 1/2 bis 2 cm breites, eliptisches Band der Kraftübertragung vom Wadenmuskel auf das Fersenbein – und muss immense Belastungen aushalten, beim Laufen das zwei- bis vierfache des Körpergewichts.

Die Achillessehne ist die stärkste Sehne an der schwächsten Stelle des Körpers. Sie liegt in einem Gleitlager und ist, anders als andere Sehnen, kaum geschützt. Sie wird nicht durch Muskeln umhüllt. Beschwerden sind Folge von Fehl- oder Überbelastung (ungewohnt hoher Trainingsintensität) oder ungewohntem Belag (Sand, Berglaufen), falschem oder altem Schuhwerk, Überpronation. Die Wadenmuskulatur ist zu unelastisch, um Belastungen abzufedern.

Infolge von Druck, Überbelastung, aber auch durch zu weiche Laufschuhe kommt es zu einer Reizung, seltener zur Entzündung (Achillodynie) des Gleitgewebes, das die Sehne ummantelt. Ablagerungen (zu hohe Harnsäure- und Cholesterinwerte) und

Verklebungen in der Sehne oder im Gleitlager können zu chronischen Beschwerden führen.

Was tun bei Achillessehnen-Schmerzen?

Dr. Müller-Wohlfahrt: »Wenn die Achillessehne bei Belastung schmerzt, sollten Sie zunächst auf Belastungen verzichten. Läufer können zum Beispiel auf schonenderes Training umsteigen: Aqua-Jogging, Schwimmen oder Radfahren (dabei aber die Pedale nicht mit der Fußspitze treten).«

Sowohl bei akuten als auch bei chronischen Beschwerden sollten Sie sich ärztlich untersuchen lassen.

Dr. Müller-Wohlfahrt empfiehlt bis zum Abklingen der Beschwerden die Einnahme z. B. von Traumanase (3 x 2 Dragees täglich) und Wobenzym (2 x 10 Dragees täglich), Bio-Magnesin (3 x 2 Lutschbonbons) und Reparil (3 x 2 Dragees täglich).

Blasen

Was ist die Ursache? Aufgrund von Reibung sammelt sich Gewebeflüssigkeit zwischen der inneren und äußeren Hautschicht.

Was tun? Nur bei kleineren Blasen ist Selbstbehandlung möglich: Mit desinfizierter Nadel hineinstechen, damit die Flüssigkeit ablaufen kann. Danach die Haut desinfizieren und mit sterilem Verband (z. B. Second Skin) abdecken. Wenn nötig Behandlung wiederholen. Bei größeren, schmerzhaften Blasen zum Arzt.

Wie vorbeugen? Sorgfältige Fußhygiene. Faltenfreie, saubere Strümpfe. Neue Schuhe allmählich einlaufen, Druckstellen einreiben (Hirschtalg).

Blaue Zehennägel

Was ist die Ursache? Wenn die Laufschuhe zu klein oder zu eng oder auch viel zu groß sind, werden die Fußnägel bei jedem Aufprall gereizt und geprellt. Das führt zur Entzündung und bei zunehmender Beanspruchung kommt es zu Blutungen. Der Nagel färbt sich blau-violett, das Nagelbett schwillt schmerzhaft.

Was tun? Reinigen, desinfizieren und den Nagel mehrfach durchbohren, damit das Blut ablaufen kann (sollte besser ein Arzt machen). Danach Desinfektion, steriler Druckverband. Der Nagel darf nicht entfernt werden.

Wie vorbeugen? Nur mit wirklich passenden Schuhen laufen. Zehennägel schneiden.

Bänderdehnung

Was ist die Ursache? Passiert häufig beim Laufen auf unebenen Untergrund oder bei Unachtsamkeit: Der Fuß knickt um. Folge: eine Verstauchung (Distorsion) des Sprunggelenks mit Bänderdehnung oder -riss.

Was tun? Kälte, Kompressionsverband, Hochlagern – den Fuß ruhig stellen. Danach zum Arzt. Wenn ein oder mehrere Bänder gerissen sind, ist eine sechswöchige Ruhigstellung wichtig.

Wie vorbeugen? Regelmäßige Kräftigung der Unterschenkelmuskeln. Anfällige Läufer sollten Schuhe mit höherem Schaft tragen, unebenes Gelände meiden.

Dehydrierung

Was ist die Ursache? Zu wenig getrunken, zu viel geschwitzt – wenn Sie außerordentlich viel Körperflüssigkeit verloren haben. Die Symptome: Durst, Schwäche, Schwindelgefühl, eventuell Brechreiz. Starke Dedydrierung führt zu Krämpfen, mitunter Schüttelfrost.

Was tun? Schattiges Plätzchen suchen, reichlich trinken (am besten Mineralwasser mit Apfelsaft) – und das Training abbrechen.

Wie vorbeugen? Trinken Sie vor dem Training immer reichlich (0,3 bis 0,5 Liter Wasser). Wenn Sie bei Hitze länger als eine Stunde trainieren, sollten Sie zwischendurch mal auftanken.

> ## Wann zum Arzt?
> Eine leichte Prellung oder ein Muskelkater sind noch kein Grund, gleich zum Arzt zu rennen. Doch wenn ein Schmerz stark ist und sich hartnäckig hält, dann sollten Sie nicht an sich selbst herumdoktern – sondern einen Arzt aufsuchen. Am besten sind Sie bei einem Arzt aufgehoben, der selbst Läufer ist.

Ischiasbeschwerden

Was ist die Ursache? Reizung des Ischiasnerves. Durch fehlerhaften Laufstil (Überpronation, Unterpronation, verspannte Oberschenkel- und Gesäßmuskulatur), schwache Bauchmuskeln oder biomechanische Probleme (unterschiedliche Beinlänge, Rückenzerrung) können diese brennenden Kreuzschmerzen im Gesäßbereich auftreten und bis in den Fuß ausstrahlen.

Was tun? Kein Eis (!), sondern entzündungshemmende Medikamente. Locker gehen oder laufen, im Sitzen können sich die Probleme noch verstärken.

Wie vorbeugen? Auf gute Sitzhaltung achten. Dehnübungen für Oberschenkelrückseite, Hüftbeuger, Liegestütze, Rücken- und Bauchmuskeltraining.

Kniegelenks-Verletzungen

Viele Hobbysportler überschätzen einfach ihre Kräfte, ermüden – und dann passiert es. Nicht nur von Fußballern wissen wir, was alles betroffen sein kann: Innen- und Außenbänder, Kreuzbänder, Innen- und Außenmeniskus, Gelenkkapsel, Gelenkknorpel, die Kniescheibe (Patella) oder auch die Kniescheibensehne (Patellasehne).

Schwachstelle

Das Knie ist ein hochkompliziertes Gelenk. Es muss immense Druckbelastungen aushalten und enorme Kräfte umsetzen. Deswegen ist das Knie entsprechend anfällig für Verletzungen.

Generell gilt: Bei Kniegelenks-Verletzungen sollten Sie so schnell wie möglich zum Arzt!

Was ist die Ursache? Nachlässiger Laufstil, zu intensives Training oder zu schnell gesteigerter Trainingsumfang. Beim Fersenaufsetzen kann der Oberschenkelstrecker mit großer Kraft aufs Kniegelenk gepresst werden. Sie spüren den Schmerz rund um die Kniescheibe. Einklemmung oder Verschleiß der Menisken.

Welche Symptome treten auf? Dr. Müller-Wohlfahrt: »Je nach Verletzung tritt ein mehr oder weniger heftiger Schmerz im Bereich des Gelenkinneren, des Kapsel-Band-Apparates, in der

Kniekehle oder im Bereich der Kniescheibe auf. Möglich ist auch eine Gelenkblockade oder das Gefühl einer Instabilität des Kniegelenkes. Häufig folgt eine Schwellung mit einem zunehmenden, manchmal massiven Druckgefühl.«

Auch wenn der Schmerz schon bald nach der Verletzung nachlässt, sollte eine Kniegelenks-Verletzung nie unterschätzt werden. Beim Innenbandriss zum Beispiel hat man nach ein paar Minuten das trügerische Gefühl: Och, nix Ernstes passiert – weil die Schmerzen nachgelassen haben.

Welche Erstversorgung bei Knieverletzungen?

Dr. Müller-Wohlfahrt: »Bis ein Arzt erreichbar ist, der die Diagnose stellt und die weitere Behandlung übernimmt, sollte man Vorsicht walten lassen. Vor allem: Das Kniegelenk niemals gegen einen Widerstand beugen oder strecken. Versuchen Sie, das verletzte Knie in schmerzfreier Stellung möglichst in leichter Beugung über dem Körpermittelpunkt hochzulagern.«

Kühlen Sie das Knie mit Hot-Ice oder Eisbrei unter leichter Kompression (eiswassergetränkten Schwamm oder Schaumgummi unterlegen). Die Verbände sollten großflächig (von der Mitte des Unterschenkels bis zur Mitte des Oberschenkels) angelegt werden.

Wichtig: Ummanteln Sie das Kniegelenk vollkommen, damit gleichbleibend gekühlt und gleichmäßig abgekühlt wird.

Legen Sie den Verband nicht zu eng an. Das Gelenk darf nicht abschnüren, da es sonst zu einem Venen- und Lymphstau und dann zu einer Schwellung im Unterschenkelbereich kommen kann. Den Verband auch nicht (!) mit einer Plastikfolie umwickeln, sonst wird die Wärmeableitung behindert.

Was muss bei der Nachversorgung beachtet werden?

Dr. Müller-Wohlfahrt: »Nach Kühlung des Gelenks werden Salbenverbände (z. B. mit Nawa Balsam, Elektrolyt-Salbe S, Exhirudsalbe oder Enelbinpaste) angelegt. Die Salben werden mit einem Spatel großflächig 2 Millimeter dick auf das verletzte

Gelenk aufgetragen, mit angefeuchtetem Verbandsmull abgedeckt und mit leichtem Druck umwickelt. Die Verbände sollten alle acht Stunden erneuert werden.«

Welche Medikamente können helfen?

Dr. Müller-Wohlfahrt: »Wenn möglich sollten bis zur Untersuchung beim Arzt keine Schmerzmittel genommen werden, denn eine Beschreibung, wo genau der Schmerz sitzt, hilft bei der Diagnose. Später empfiehlt sich die Einnahme von entzündungshemmenden Dragees (z. B. Reparil und Traumanase forte, 3 x 2 Dragees täglich).«

Wie vorbeugen? Stretching und Kräftigungsübungen der beteiligten Muskelgruppen. Maßvoller Trainingsaufbau.

Knöchelverstauchung

Was ist die Ursache? Durch Umknicken des Fußgelenkes werden die Bänder gezerrt und überdehnt und entzünden sich. Eine Verstauchung zweiten Grades bedeutet teilweiser Riss von einem oder zwei Bändern, dritten Grades heißt: Abriss aller drei Bänder.

Was tun? Den verletzten Fuß hochlagern, ruhigstellen. Drei bis viermal täglich Kältebehandlung. Nach 12 bis 24 Stunden mit Wärme gegen den Bluterguss vorgehen. Wenn das Gelenk anschwillt und bewegungsunfähig wird – zum Arzt.

Wie vorbeugen? Kräftigungsübungen für die Füße, umsichtig laufen.

Leistenzerrung

Was ist die Ursache? Zerrung eines Adduktorenmuskels (Oberschenkelinnenseite).

Was tun? Eis, entzündungshemmende Medikamente. Bei länger anhaltenden Schmerzen zum Sportarzt.

Wie vorbeugen? Gezielte Dehnübungen: Durch Stretching der rückseitigen Oberschenkelmuskulatur, der Vorderseite und der Adduktoren minimieren Sie das Risiko.

10 Übungen,
um die Füße zu kräftigen

01 Gehen Sie öfters mal barfuß auf Rasen oder Sand spazieren, stolzieren Sie am Strand oder in einem steinigen Flußbett.

02 Legen Sie sich ein Springseil zu. Versuchen Sie (barfuß) auch einbeinig und im Laufschritt zu springen.

03 Stolzieren Sie in eine Holzkiste, gefüllt mit Mais (10 cm) barfuß und im Storchenschritt herum.

04 Laufen Sie auf Zehenspitzen durch den Raum, drehen Sie sich im Zehenstand um.

05 Verlagern Sie das Gewicht auf die Fersen und wandern Sie auf den Hacken zurück.

06 Setzen Sie sich auf einen Stuhl. Versuchen Sie, mit den Zehen ein Handtuch vom Boden aufzuheben.

07 Alternativ können Sie das Aufhebspiel auch mit einem Bleistift, einem Löffel, großen Knöpfen machen.

08 Legen Sie ein Tuch auf den Boden, stellen Sie sich an den Rand dieses Tuches und ziehen Sie es mit den Zehen beider Füße immer näher zu sich.

09 Legen Sie ein Seil vor sich hin, und balancieren Sie bei jeder Gelegenheit darüber – am allerbesten barfuß (oder auf Socken).

10 Setzen Sie sich auf einen Stuhl, dann rollen Sie einen Tennisball unter Ihren Fußsohlen hin und her.

Metatarsalgie (Schmerzen am Mittelfußköpfchen)

Was ist die Ursache? Fehlstellung eines Metatarsalknochens, der dadurch höherer Druckbelastung ausgesetzt ist. Der Schmerz im Bereich der Mittelfußknochen fühlt sich an, als hätte man ein Steinchen im Schuh.

Was tun? Den Druck auf die verletzte Stelle reduzieren, entweder durch ein Ballenkissen oder ein Loch in die Einlegesohle schneiden.

Wie vorbeugen? Gut gedämpfte Laufschuhe, Einlegesohlen.

Muskelkrämpfe

Was ist die Ursache? Treten besonders bei großer Hitze auf, wenn dem Körper durch starkes Schwitzen Wasser, Mineralien, vor allem Magnesium und Kalium, verloren gehen.

Was tun? Sofort die Belastung unterbrechen. Die verkrampften Muskeln vorsichtig dehnen, den Gegenmuskel anspannen.

Wie vorbeugen? Reichlich trinken, sorgfältig aufwärmen.

Muskelzerrung

Was ist die Ursache? Wenn die Muskulatur abrupt oder an der Leistungsgrenze beansprucht (z. B. überdehnt) wird, kann es zu Zerrungen (und Rissen) kommen. Gefährdet sind besonders schlecht durchblutete und verhärtete Bereiche (»Hartspann«, »Myogelose«). Ein stechender Schmerz signalisiert die Verletzung.

Was tun? Pause-Eis-Compression-Hochlagern (P-E-C-H-Formel, vgl. S. 158).

Wie vorbeugen? Regelmäßiges Stretching und Kräftigung.

Plantarfascitis (Fußsohlen-Entzündung)

Was ist die Ursache? Druckschmerz, der bei Überlastung, auch durch Fehlstellung des Fußes (Überpronation, Plattfüße) entsteht, wenn die Sehnenplatte an der Fußunterseite überdehnt wird. Am Fersenansatz entstehen kleine Risse, die zur Entzündung führen.

Was tun? Das Fußgewölbe stützen, durch Laufschuhe mit stabiler Mittelsohle. Eventuell Tapeverband im Mittelfußbereich oder spezielle Einlage.

Wie vorbeugen? Stretching für die Wadenmuskulatur vor und nach dem Training, Fußgymnastik, Dehnung der Plantarmuskeln.

Prellung

Was ist die Ursache? Stumpfe Gewalteinwirkung. Es besteht immer die Gefahr, dass Knochen, Blutgefäße oder Nerven verletzt werden.

Was tun? Eis, kalte Umschläge, Compression, Hochlagern, um Schwellung und Bluterguss gering zu halten. Möglichst bald isometrische Übungen, Anspannen der betroffenen Muskulatur. Keine Massagen!

Wie vorbeugen? Umsichtig laufen

Schienbein-Schmerzen (Knochenhautreizung)

Was ist die Ursache? Oft harter Untergrund. Auch abgelaufene Schuhe. Zu lange Trainingsläufe. Die Überlastung der Knochenhaut entsteht besonders bei extremem Fersenlauf. Denn bei jedem Aufsetzen des Fußes wird der vordere Schienbeinmuskel gleichzeitig gedehnt und angespannt.

Was tun? Nach dem Laufen Eis, entzündungshemmende Medikamente. Wadenmuskulatur dehnen. Ein paar Tage Trainingspause. Eventuell Sportarzt aufsuchen.

Wie vorbeugen? Stretching der Schienbeinmuskeln.

Wolf (Wundscheuern)

Was ist die Ursache? Reibung der Haut durch Schweiß-Salzkristalle. Besonders gefährdet dafür sind die Innenseiten der Oberschenkel und der Oberarme.

Was tun? Die aufgeriebenen Stellen mit Vaseline oder Talkum behandeln, eventuell einen Verband drüberlegen.

Wie vorbeugen? Auf andere Laufbekleidung (sind Nähte schuld?) umsteigen. Empfehlenswert: Tights aus Kunstfasern. Vorher empfindliche Stellen mit Vaseline eincremen.

Der Schmerz und die Arthrose
von Dr. med. Johannes R. Weingart

Nicht jeder Gelenkschmerz bedeutet »Arthrose«. Arthrose ist für viele Menschen gleichbedeutend mit Schmerz. Die häufigste Reaktion auf Schmerz ist deshalb, sich weniger zu bewegen. Bei der Untersuchung der Gelenke zeigt sich jedoch häufig, dass keine oder nur eine unwesentliche Arthrose (Degeneration der Gelenke) vorliegt. Also kein Grund, sich nicht täglich zu bewegen.

Mögliche Ursachen für Gelenkschmerzen

Laxe Gelenkkapseln

sind eine ganz normale Folge, wenn Gewebe nicht gefordert, nicht trainiert wird. Wenn dann die Gelenke stark strapaziert werden, rebellieren sie, schmerzen. Viele jammern dann: »Ich kann nicht und darf nicht«. Doch mit Arthrose hat das primär nichts zu tun. Das Gegenteil ist richtig – mit vernünftig dosiertem Training wieder beginnen und dazu die richtigen Laufschuhe.

Übersäuerung

betrifft die meisten Menschen. Dafür gibt es viele unterschiedliche Ursachen. Die häufigste: Übermäßige Zufuhr von Zucker und Fleischprodukten. Sie kennen den Muskelkaterschmerz, eine Folge von Übersäuerung des Muskels nach Überlastung. Es gibt aber noch viele andere Säuren, und die werden vom Körper gerne in Gelenkstrukturen abgelagert. Nun brauchen Sie sich nur ein bisschen überlasten, schon entstehen zusätzlich Säuren, die dann das Fass zum Überlaufen bringen und Schmerz auslösen. Mit Arthrose haben diese massiven Gelenkschmerzen nichts zu tun.

Mangelnde Bewegung

oder falsches Training kann zu einer Erhöhung des Muskeltonus führen. Dadurch werden die Knochen stärker zusammenpresst und bei vermehrter Bewegung das Gelenk auch stärker belastet. Übersteigt die aktuelle Belastung das, was Ihr Gelenk gerade noch toleriert, resultieren daraus Schmerzen. Die Ursache liegt aber nicht in einer Arthrose. Ihre Gelenkinnenhaut, die das Gelenk ernähren muss, kommt nicht mehr nach, die bei Belastung entstehenden Substanzen und »Stoffwechselschlacken« abzutransportieren. Die Folge: ein Reizzustand. Dazu bedarf es aber keiner Arthrose.

Was tun bei Gelenkschmerz nach Überlastung?

Es kommt darauf an, wie häufig so etwas bei Ihnen vorkommt und welches Belastungsausmaß Gelenkschmerzen erzeugt.

Damit Sie nichts Bedrohliches übersehen, machen Sie den Gelenk-Selbst-Check bei Überlastungsschmerzen:

- ⊙ Das Gelenk ist nicht geschwollen.
- ⊙ Das Gelenk ist nicht gerötet.
- ⊙ Das Gelenk lässt sich normal bewegen.
- ⊙ Durch leichte Bewegung wird das Steifheitsgefühl weniger.

Wenn all diese Punkte auf Ihr überlastetes Gelenk zutreffen, geben Sie Ihrem Körper ein bis zwei Tage Ruhe und warten ab.

Günstig ist in jedem Fall ein Wannenbad über eine Dauer von über 1/2 Stunde. Als Badezusatz haben sich zwei Esslöffel Natron bewährt. Das macht das Badewasser basisch und entzieht Ihrem Körper Säure. Es gibt auch spezielle Fertigpräparate, die auf dieses Problem noch spezifischer eingehen: z. B. »Meine Base« von Orgon.

Spezifischer gehen Sie vor bei stärkeren Schmerzen. Dann sollten Sie einen Salbenverband über Nacht anlegen. Gute Erfahrungen habe ich mit Enelbin Paste, Voltaren Gel und ähnlichen entzündungshemmenden Substanzen gemacht. Zu empfehlen sind im ersten Schritt auch naturheilkundliche Präparate, z. B. Auroanalin Salbe, Traumeel Salbe oder Arnica Salbe.

Am wichtigsten ist aber, dass Sie aktiv bleiben und am besten das Gelenk unter Entlastung leicht bewegen. Ideal wäre Schwimmen im schmerzfreien Bewegungsbereich.

Wenn der Schmerz im Knie- oder Sprunggelenk sitzt, eine einfache, sehr wirksame Übung: Setzen Sie sich auf einen Tisch, lassen Sie das Bein immer wieder für Minuten locker baumeln.

»Ich darf nicht laufen! Ich habe Arthrose! Was tun?«

Bei nachgewiesener Arthrose in Hüft-, Knie- oder Sprunggelenken sollten Sie unbedingt, wann immer es möglich ist, luftgepolsterte Schuhe tragen.

Mit Ihrem Arzt besprechen Sie die nächsten Maßnahmen. Es ist sicher falsch, sich seinem Schicksal kampflos zu ergeben. Ihr Ziel muss sein, wieder regelmäßig zu laufen oder zu walken.
Dafür sollten folgende Maßnahmen geprüft und realisiert werden:
- Das Körpergewicht optimieren.
- Basische Kost favorisieren.
- Tägliche Entlastungsübungen durchführen.
- Schmerzfreie Übungen täglich mehrmals durchführen.
- Nächtliche Salbenwickel (sieben Nächte hintereinander).
- Langzeiteinnahme von entzündungshemmenden Enzymen (Wobenzym, Phlogenzym, Enzym Wied 3x1-2).
- Langzeiteinnahme von Glucosamin, eine Substanz, die den Knorpelaufbau fördert.
- Knorpelaufbauende Substanzen injizieren lassen (bei ca. 80 Prozent der Patienten effektiv, z.B. Ney Arthros, Ney Chondrin).
- Hyaluronsäure injizieren lassen (künstliche »Gelenkschmiere«, damit die Gelenkpartner besser gleiten; positiver Effekt nach Injektionsserie meist für mindestens ein Jahr).

Selbst wenn all diese Maßnahmen keinen dauerhaften Erfolg zeigen, besteht immer noch eine große Chance, Ihren Zustand zu verbessern durch ein Injektionsverfahren aus den USA – die Proliferationstherapie.

Die Proliferationstherapie

ist eine neue Regenerationschance aus USA. Sie wird schon als Zauberformel bei Arthrosen betrachtet. Was passiert bei diesem Verfahren? Da die meisten Arthrosen mit Instabilitäten der Gelenke einhergehen, entwickelten die Amerikaner bereits vor 50 Jahren eine Injektionstechnik, die die Gelenke wieder stabiler macht. Dadurch nimmt der Schmerz ab, weil die Knochen bei Bewegung weniger unkontrolliert gegeneinander reiben.

Aber was noch viel wichtiger ist für die Zukunft Ihrer Gelenke: Sie sind wieder stabiler und dadurch verlangsamt sich der Arthroseprozess des Gelenkes oder kommt sogar ganz zum Stillstand. Bei 85 Prozent aller Arthrosepatienten tritt eine wesentliche Befundverbesserung nach zwei bis sechs Injektionen ein. Das wurde durch wissenschaftliche Studien belegt und in der renommierten Fachzeitschrift *Lancet* veröffentlicht (1987).

Was wird injiziert?

Es handelt sich um eine völlig harmlose, nebenwirkungsfreie Substanz: konzentrierte Traubenzuckerlösung. Durch ihre hohe Konzentration von 20 Prozent löst sie einen Reizzustand im injizierten Ligament aus, was zu einer Kollagenneubildung und damit Stabilisierung des Gelenkes führt. Durch den Reiz kommt es in den ersten 24 Stunden zu einer Schmerzzunahme. In den Tagen nach der Injektion reduziert sich der Schmerz durchschnittlich um 10 bis 30 Prozent!

In welchen Abständen sollten die Injektionen erfolgen?

Wer es eilig hat, kann alle drei bis vier Tage injiziert werden. Optimal ist jedoch, in ein- bis zweiwöchigen Abständen die zwei bis sechs Injektionen durchzuführen.

Am besten sind die Erfolgschancen für Sprung-, Kniegelenke und die Wirbelsäule.

Ist körperliche Bewegung danach wieder möglich?

Sofort nach der Injektion startet ein Beübungsprogramm für das entsprechende Gelenk und seine Nachbargelenke. Die tägliche Bewegung ist wesentlicher Bestandteil dieses Therapiekonzeptes. Ziel ist, den Patienten wieder absolut mobil zu machen.

Das Glossar

Die wichtigsten
Fitnessbegriffe

Adipositas → Ungesundes Übergewicht, Fettleibigkeit.

Aerob → Training, das so locker ist, dass Sie nicht außer Atem kommen. Die Belastung ist nur so hoch, daß die Muskeln bei der Energiegewinnung immer gut mit Sauerstoff versorgt sind.

Anaerob → Training, das so anstrengend ist, dass die Muskeln über ihre normale Kapazität hinaus belastet werden und nicht ausreichend mit Sauerstoff versorgt werden.

Ausdauer → Ihre körperliche und geistige Ermüdungswiderstandsfähigkeit in Verbindung mit Ihrer Erholungsfähigkeit.

Body Mass Index (BMI) → Maßstab zur Beurteilung des Körperbaus. Maßeinheit für den Körperfettanteil, angegeben in Körpergewicht (kg) geteilt durch Körperlänge (m) im Quadrat.

Cholesterin → Fettbegleitstoff in tierischen Lebensmitteln, wird auch in unserem Körper gebildet und ist Bestandteil von Zellmembranen und Nervenstrukturen. Sehr hohe Cholesterinwerte erhöhen das Risiko für Arteriosklerose und Herzinfarkt.

Diät → griech.: Diaita = gesunde Lebensweise.

Enzyme → Spezialisierte Eiweiße, die Stoffwechselvorgänge im Organismus ermöglichen, lenken oder beschleunigen.

Glukose → Kleinster Baustein der Kohlenhydrate (Blutzucker).

Glykogen → Speicherform der Kohlenhydrate (Glukose) in den Zellen der Leber und Muskulatur.

Grundumsatz → Minimaler Stoffwechselablauf in Ruhestellung.

Herzfrequenz → Anzahl der Herzschläge pro Minute.

Hypertonie → Krankhafte Erhöhung des Blutdrucks.

Hypotonie → Zu niedriger Blutdruck.

Insulin → Hormon, das in der Bauchspeicheldrüse produziert wird und den Fettstoffwechsel beeinflusst. Behindert die Fettmobilisierung, fördert die Fettaufnahme.

Kalorie → Berechnungsgrundlage für den Brennwert unserer Nahrung. Beispiel: 1 g Zucker hat 4,1 kcal, 1 g Fett 9 kcal.

Körperfettanteil → Körperfett bezogen auf Körpergewicht.

Laktat → Salz der Milchsäure, das durch den Abbau von Kohlenhydraten in Abwesenheit von Sauerstoff entsteht und sich in der Muskulatur ansammelt. Daraufhin hemmt die Übersäuerung der Zellen die chemischen Reaktionen, die für die Energiegewinnung zuständig sind.

Maximalpuls → Altersabhängiger Höchstsollwert der Herzfrequenz. Etwa 220 Schläge minus Lebensalter.

Oxydation → Verbindung eines Elements mit Sauerstoff bzw. Entzug eines Wasserstoffatoms; im Allgemeinen als Verbrennung bezeichnet.

Pronation → Einknicken des Fußes nach innen bei jedem Laufschritt; leichtes Pronieren ist physiologisch normal.

Protein → Eiweißmolekül; Bausubstanz für Zellen.

Regeneration → Wiederherstellung der Leistungsfähigkeit und Belastbarkeit des Organismus

Supination (Unterpronation) → wenn der äußere Fußrand beim Laufen besonders belastet wird; beim Abdrücken kippt der Fuß nach außen. Ist leicht zu erkennen an den im Vor- und Mittelfußbereich außen abgelaufenen Sohlen.

Trainingseffekt → Anpassung des Körper an Trainingsbelastungen.

Überpronation → Der Fuß knickt beim Laufen übermäßig stark nach innen; hier sollte die Wahl der Schuhe (gerader Leisten, verstärkte Mittelsohle) für Ausgleich sorgen.

Übertraining → Wenn zwischen Belastungsphasen keine ausreichend lange Erholungsphase eingehalten wird, kommt es zur Schwächung des Organismus, erkennbar u. a. an einem höheren Ruhepuls und Leistungsabfall.

Vo2max → Maximale Sauerstoffaufnahme. Kriterium der Ausdauerleistungsfähigkeit.

Zivilisationskrankheiten → z. B. degenerative Herz-Kreislauf-Erkrankungen, Bluthochdruck, Herzinfarkt. Werden durch Verhaltensweisen wie Bewegungsmangel, Stress und Umwelteinflüsse (Ozon, Smog) in ihrer Entstehung begünstigt.

Literatur

Fischer, Joschka: Mein langer Lauf zu mir selbst,
Köln 1999
Löhr, J./Spitzbart, M./Pramann, U.: Mehr Energie fürs Leben,
4. Aufl. München 2000
Müller-Wohlfahrt, Dr. H.-W.: Mensch, beweg Dich,
München 2001
Pramann, Ulrich: Einfach Wohlfühlen,
6. Aufl. München 2000
Pramann, Ulrich: Kleine Philosophie der Passionen: Laufen,
3. Aufl. München 1998
Pramann, Ulrich: Lauf Dich schlank!
3. Aufl. München 2001
Pramann, Ulrich: Runner's Basics,
München 2002
Steffny, Herbert/Pramann, Ulrich: Perfektes Lauftraining,
15. Aufl. München 2000
The New York Road Runners Club: Complete Book of New
York, 1994
Weber, Prof. Alexander (Hrsg.): Hilf dir selbst: Laufe!
Paderborn 1999

Informative Internetadressen

→ www.laufen.de
→ www.lauftreff.de
→ www.dlv-sport.de
→ www.lauftherapie.de
→ www.marathon.de
→ www.runnersworld.com
→ www.herbertsteffny.de
→ www.frauen-lauf.de
→ www.runtheplanet.com
→ www.fun-runners.de
→ www.runnerspoint.de
→ www.laufexperten.de
→ www.womenweb.de
→ www.asics.de
→ www.nikebiz.com
→ www.pumabiz.de

Fernöstliche Anleitungen zum Glücklichsein

19/803